쉽게 익히는 러시아어

이명자 · 이영범 공저

신아사

머 리 말

이 책은 제목이 말해주듯이 러시아어를 처음 접하는 학생들이 쉽게 러시아어를 익히도록 구성한 책이다. 따라서 자세한 문법적 지식을 바탕으로 하는 설명보다는 표현을 따라 익힘으로써 자연스럽게 러시아어에 다가갈 수 있도록 하였다.

학생들에게 익숙한 영어 알파벳과는 사뭇 다르게 생긴 러시아어 알파벳부터 시작하여 각 과마다 '정확한 발음', '어휘 표현', '간단한 일상회화' 등이 단계별로 차근 차근 익혀나갈 수 있도록 내용이 구성되었으며, 가능한 충분히 반복하고 실습할 수 있도록 하였다. 게다가 학생들로 하여금 재미있게 러시아어를 학습하여 보다 효과적으로 언어 능력을 신장할 수 있도록 러시아 속담이나 말놀이, 수수께끼 등을 적절히 배치하였다. 각 과의 말미에는 연습문제와 단어정리를 두어 배운 내용을 다시 한번 숙지할 수 있도록 하였으며, 즐겁게 함께 부르며 휴식을 취할 수 있는 '러시아노래 배우기'를 덧붙였다. 또한 이 책에서는 각 과마다 러시아의 '문화에티켓'을 소개함으로써 러시아와 러시아인들에 대한 보다 넓은 이해를 바탕으로 한 러시아어 구사능력을 함양할 수 있도록 배려하였다.

다양한 내용들이 짜임새 있게 구성된 이 책이 러시아어를 알고 싶어하고 전공하려는 학생들에게 보다 큰 학습의욕을 고취시킬 수 있기를 바란다.

| 목 차

러시아어 알파벳

РУССКИЙ АЛФАВИТ

№ п/п	Буква		Название буквы *Name of letter*	Звук *Sound*
	печатная *Printed*	прописная *Handwritten*		
1	**А а**	*А а*	а	[а]
2	**Б б**	*Б б*	бэ	[б]
3	**В в**	*В в*	вэ	[в]
4	**Г г**	*Г г*	гэ	[г]
5	**Д д**	*Д д*	дэ	[д]
6	**Е е**	*Е е*	е	[йэ] '[э]
7	**Ё ё**	*Ё ё*	ё	[йо] '[о]
8	**Ж ж**	*Ж ж*	жэ	[ж]
9	**З з**	*З з*	зэ	[з]
10	**И и**	*И и*	и	[и]
11	**Й й**	*Й й*	и краткое (и short)	[й]
12	**К к**	*К к*	ка	[к]
13	**Л л**	*Л л*	эл	[л]
14	**М м**	*М м*	эм	[м]
15	**Н н**	*Н н*	эн	[н]
16	**О о**	*О о*	о	[о]
17	**П п**	*П п*	пэ	[п]
18	**Р р**	*Р р*	эр	[р]
19	**С с**	*С с*	эс	[с]
20	**Т т**	*Т т*	тэ	[т]
21	**У у**	*У у*	у	[у]
22	**Ф ф**	*Ф ф*	эф	[ф]
23	**Х х**	*Х х*	ха	[х]
24	**Ц ц**	*Ц ц*	цэ	[ц]
25	**Ч ч**	*Ч ч*	чэ	[ч]
26	**Ш ш**	*Ш ш*	ша	[ш]
27	**Щ щ**	*Щ щ*	ща	[щ]
28	**ъ**	*ъ*	твёрдый знак (hard sign)	—
29	**ы**	*ы*	ы	[ы]
30	**ь**	*ь*	мягкий знак (soft sign)	—
31	**Э э**	*Э э*	э	[э]
32	**Ю ю**	*Ю ю*	ю	[йу] '[у]
33	**Я я**	*Я я*	я	[йа] '[а]

책의 첫 장을 넘기신 여러분, 반갑습니다. 앞으로 러시아어를 배우기 위해서는 무엇보다 먼저 러시아어를 표현하는 글자를 알아야겠지요? 러시아어 문자의 명칭은 '끼릴문자(кириллица)'이고, 러시아어 알파벳은 총 33개로 되어 있습니다. 이 중 31개는 음가(소리 값)를 갖고 있으며, 나머지 2개(ь, ъ)는 음가가 없이 단지 부호로만 사용됩니다. 러시아어 알파벳 인쇄체와 필기체 그리고 문자의 명칭은 앞에 소개한 표와 같습니다.

러시아어 문자들 중에는 우리에게 낯익은 글자들도 있고 전혀 생소한 글자들도 있습니다. 우리에게 낯익다는 것은 영어를 알고 계신 여러분들에게 로마자가 익숙하기 때문인데, 로마자와 같게 생겼어도 끼릴문자는 전혀 다른 소리 값을 갖고 있다는 것을 반드시 명심해야 합니다. 특히 и[i]와 н[n]을 혼동하지 않도록 주의하시고 슬라브어들에 특징적인 ш, щ, ч, ж, ц를 잘 익혀두시기 바랍니다

제 1 과 (урок 1)

- ☑ 러시아어 모음소리와 자음소리

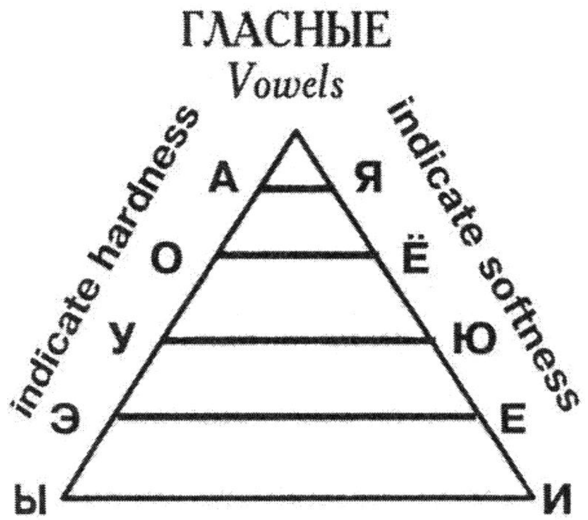

자음과 모음의 결합을 소리내어 익히세요.

ма - мо - му - мы	ам - ом - ум
па - по - пу - пы	ап - оп - уп
ба - бо - бу - бы	
на - но - ну - ны	ан - он - ун
та - то - ту - ты	ат - от - ут
да - до - ду - ды	
фа - фо - фу - фы	аф - оф - уф
ва - во - ву - вы	
ка - ко - ку	ак - ок - ук
га - го - гу	
ха - хо - ху	ах - ох - ух
са - со - су - сы	ас - ос - ус
за - зо - зу - зы	
ра - ро - ру - ры	ар - ор - ур
ла - ло - лу - лы	ал - ол - ул

자음 ц, ш, ж (슬라브어에 특징적인 소리) + 모음

ца - цо - цу - це - ци　　ац - оц - уц - ец - иц

центр [цэнтр]　　цирк [цырк]

ша - шо - шу - ше - ши　　аш - ош - уш - еш - иш

жа - жо - жу - же - жи

шкаф　машина[машына]　шкóла　хорошó　карандáш

дрýжба　журнáл　тóже

러시아어는 강세(ударéние)가 매우 특징적인 언어입니다.

똑같은 철자를 가진 단어라도 강세의 위치에 따라 의미가 달라지는 경우도 있지요. 따라서 처음 러시아어를 배울 때 강세를 반드시 지켜주는 것은 매우 중요합니다. 다음을 따라 해봅시다.

ма-ам-амá　мо-ом-омó　му-ум-умý　мал-мол-мул

на-ан-анá　но-он-онó　ну-ун-унý　нар-нор-нур

ла-ал-алá　ло-ол-олó　лу-ул-улý　лак-лок-лук

ра-ар-арá　ро-ор-орó　ру-ур-урý　рам-ром-рум

ба-аб-абá　бо-об-обó　бу-уб-убý　бар-бор-бур

ва-ав-авá　во-ов-овó　ву-ув-увý　вас-вос-вус

да-ад-адá　до-од-одó　ду-уд-удý　дам-дом-дум

за-аз-азá зо-оз-озó зу-уз-узý зал-зол-зул

жа-аж-ажá жо-ож-ожó жу-уж-ужý жар-жор-жур

па-ап-апá по-оп-опó пу-уп-упý пал-пол-пул

та-ат-атá то-от-отó ту-ут-утý там-том-тум

са-ас-асá со-ос-осó су-ус-усý сак-сок-сук

фа-аф-афá фо-оф-офó фу-уф-уфý фан-фон-фун

га-аг-агá го-ог-огó гу-уг-угý гам-гом-гум

ка-ак-акá ко-ок-окó ку-ук-укý как-кок-кук

ха-ах-ахá хо-ох-охó ху-ух-уý мах-мох-мух

ша-аш-ашá шо-ош-ошó шу-уш-ушý шар-шор-шур

Анна [áнна] Антóн [антóн]

э́то [э́та] онá [анá]

погóда [пагóда] окнó [акнó]

кóмната [кóмната] странá [странá]

госудáрство [гасудáрства] нýжно [нýжна]

ó→ [ó] o → [a]	모음 o에 강세가 있을 때는 강하게 [o]로 발음되지만, 강세가 없을 때에는 짧은 [a]로 발음됩니다. 이 현상을 '아까니에'라고 합니다.

стол - столы́　　Нóра - норá

пол - полы́　　пóра - порá

кот - коты́　　Кóра - корá

нос – носы́　　дóма - домá

крот - кроты́　　óкна - окнá

мост - мосты́　　тóска - тоскá

말 빨리하기(скороговóрки) 놀이

우리말의 말놀이에 "간장공장 공장장은 간공장장, 된장공장 공장장은 된공장장"이라는 말을 누가 빨리 정확하게 반복할 수 있는지를 시험하는 놀이가 있습니다. 이와 같은 말놀이가 러시아어에도 있는데 그러한 것들을 скороговóрки 이라고 하며 다음과 같은 것이 그 예입니다. 재미있게 놀이를 하면서 음성규칙도 익히시기 바랍니다.

* Всех скороговóрок не переговори́шь.

* Хи́трую сорóку поймáть морóка.　А сóрок сорóк - сóрокморóк.

* Коси́ косá, покá росá. 속담: 좋은 기회를 잡아라.

시를 낭송하며 발음규칙을 익힙시다.

Оси́нку

Окра́сила

О́сень.

Оси́нка мне нравится

О́чень.

Она́

позоло́той блиста́ет,

Одно́ то́лько жаль —

Облета́ет.

- В. Лунин -

어말 무성음화(Final Devoicing) 알기

단어 끝 자음은 모두 무성음으로 소리납니다. 따라서 б, д, г, в, з, ж 와 같은 유성음이 단어의 끝에 오면 이 소리들은 대응되는 무성음 п. т, к, ф, с, ш 로 소리납니다.

유성음	б	в	г	д	з	ж
무성음	п	ф	к	т	с	ш

다음을 따라 해봅시다.

хлеб [хлеп]	б → [п]
друг [друк]	г → [к]
гóрод [гóрат]	д → [т]
Ивано́в [ивано́ф]	в → [ф]
расска́з [расска́с]	з → [с]
муж [муш]	ж → [ш]

В 의 발음

유성자음 앞에서는 [в]로 소리나고, 무성자음 앞에서는 [ф]로 소리납니다. 혼동하지 말고 발음에 유의하세요.

в[ф] тóрник	в[ф] се
вы́став[ф] ка	ав[ф] тóбус
вход [фхот]	в[ф] теа́тре
в[ф] па́рке	в[ф] среду
в[в] друг	в[в] згляд
в[в] нима́ние	в[в] верх

명사의 性

러시아어는 문법적인 성을 갖는 언어입니다. 따라서 모든 명사가 남성, 여성, 중성으로 구분되는데 명사 단수 형태가 자음으로 끝나면 남성, -а(-я)로 끝나면 여성, -о(-е)로 끝나면 중성입니다. 형태만 보면 곧바로 성을 알 수 있으니 그리 어렵지는 않겠지요?

남성	여성	중성
자음으로 끝남	-а, -я	-о, -е
брат, дом, друг, гóрод, завóд, урóк, парк, спóрт, автóбус, журнáл, центр, зал, стол, карандáш, лес	кни́га, кóмната, сестрá, кáрта, подрýга, грýппа, погóда, странá, дрýжба, шкóла, рýчка, веснá, Земля́, статья́	письмó, окнó, лéто, дéрево, государство, я́блоко, пóле, мóре

소유대명사 мой, моя, моё '나의'

남성	여성	중성
мой дом мой друг мой гóрод	моя́ сестрá моя́ кóмната моя́ подрýга	моё окнó моё письмó моё госудáрство

▶ 'Это .....' 이것은(이 사람은) ...입니다

Это стол. 이것은 책상입니다.

Это мой стол. 이것은 나의 책상입니다.

Это моя́ ру́чка. 이것은 나의 펜입니다

Это друг. 이 사람은 친구입니다.

Это мой друг. 이 사람은 나의 친구입니다.

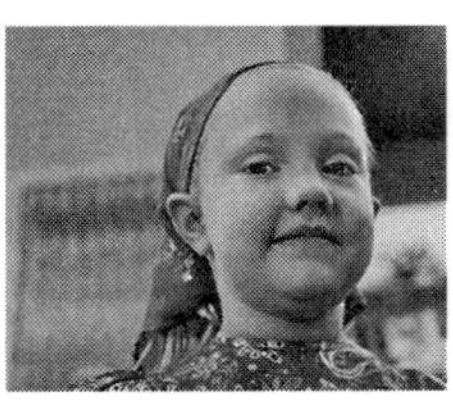

Это моя́ сестра́.

이 사람은 나의 누이동생입니다.

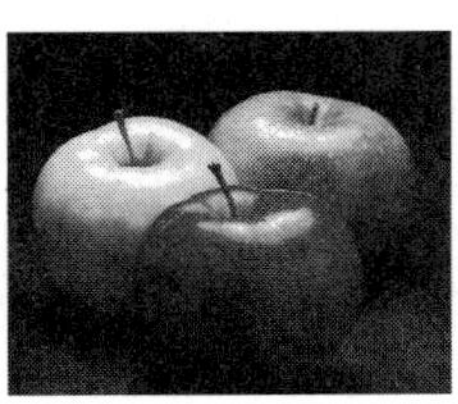

Это моё я́блоко. 이것은 나의 사과입니다.

Это журна́л. 이것은 잡지입니다.

Это то́же журна́л.
이것도 역시 잡지입니다

▶ 단순부정 :~ 가 아닙니다

Э́то Ка́тя. 이 사람은 까쨔입니다.

Это не Ка́тя. 이 사람은 까쨔가 아닙니다.

Это Ка́тя? 이 사람은 까쨔입니까?

Да, э́то Ка́тя. 네, 이 사람은 까쨔입니다.

Нет, э́то не Ка́тя. 아니오, 이 사람은 까쨔가 아닙니다.

Анто́н бизнесме́н. 안톤은 비즈니스맨입니다.

Анто́н не бизнесме́н. 안톤은 비즈니스맨이 아닙니다.

Это ко́фе? 이것은 커피입니까?

Это не ко́фе. Это чай. 이것은 커피가 아닙니다. 이것은 차입니다.

▶ не..., а... : ...가 아니라 ...입니다

Это библиоте́ка? 이것은 도서관입니까?

Да, это библиоте́ка. 네, 이것은 도서관입니다.

Нет, не библиоте́ка. Это институ́т. 아니오, 도서관이 아닙니다. 이것은 대학입니다.

Это не библиоте́ка, а институ́т. 이것은 도서관이 아니라 대학입니다.

Это не Ки́ев, а Москва́. 이것은 끼예프가 아니라 모스크바입니다.

Это не Ната́ша, а А́ня. 이 사람은 나샤가 아니라 아냐입니다.

▶ и 와 а : 그리고

Это Ива́н и Ни́на. 이반과 니나입니다.

Ива́н учи́тель, а Ни́на врач. 이반은 선생님이고, 니나는 의사입니다.

▶ и́ли : 혹은, 또는, 그렇지 않으면

Это уче́бник и́ли слова́рь? 이것은 교과서입니까 아니면 사전입니까?

Это учи́тель и́ли студе́нтка? 이 사람은 교사입니까?

혹은 여대생입니까?

현재시제에서의 'be' 동사의 부재

위에서 익힌 문장들에서 알 수 있듯이 러시아어에서는 현재시제에서 '~이다'를 의미하는 영어의 be 동사가 사용되지 않습니다. 다음 예문들을 통해서 잘 이해해봅시다.

Весна́. 봄입니다.

Бори́с — программи́ст. 보리스는 프로그래머입니다.

Компью́тер — ИБМ? 컴퓨터가 IBM 입니까?

Это телеви́зор. 이것은 텔레비젼입니다.

Вот дом. 바로 여기가 집입니다.

Вы тури́ст? 당신은 관광객입니까?

Тут стол и стул. 이곳에 책상과 의자가 있습니다.

Там по́чта. 저곳에 우체국이 있습니다.

➡ 인칭대명사를 외웁시다.

	단수	복수	
나(I)	я	мы	우리(we)
너(you)	ты	вы	당신, 당신들(you)
그(he)	он	они́	그들(they)
그녀(she)	она́		

Я — студе́нт. 나는 대학생입니다.

Она́ то́же студе́нтка. 그녀도 대학생입니다.

упражнения

1. 다음 단어들을 성에 따라 구분하세요.

друг, заво́д, ко́мната, авто́бус, компью́тер, страна́, окно́, письмо́, парк, го́род, пого́да, сестра́, госуда́рство, студе́нтка, му́зыка

남성명사 ______________________________

여성명사 ______________________________

중성명사 ______________________________

2. 주어진 단어들로 빈곳을 채우세요.

мой ______________________________

моя ______________________________

моё ______________________________

подруга, город, страна, дом, стол, книга, письмо, друг, окно

3. 빈곳에 적당한 말을 넣으세요.

1) Это А́нна? - Да, ______________________ .

2) Это компью́тер? - Нет, ______________________ .

3) Это кни́га? - Нет, это ____________, а журна́л.

4) Он инжéнер, ____ онá студéнтка.

5) Это мой брат _______ моя́ сестрá.

4. 다음을 우리말로 옮기세요.

Тут рекá и мост. Тут дорóга. Там лес. Там дéрево. Лéто.

단어외우기

автóбус 버스
библиотéка 도서관
бизнесмéн 사업가
блестáть 빛나다
брат 형(오빠), 남동생
вверх 위로 향하여
вдруг 갑자기
взгляд 시선
внимáние 주의
веснá 봄
вот 바로
врач 의사
втóрник 화요일
вы́ставка 전시회
вы́ход 출구
гóрод 도시
госудáрство 국가
грýппа 그룹
дéрево 나무
дом 집
дорóга 길
друг 친구
дрýжба 우정
жаль 유감
журнáл 잡지
завóд 공장
зал 강당, 큰 방
институ́т 전문대학
карандáш 연필
кáрта 지도
кни́га 책
кóмната 방
компью́тер 컴퓨터
кóфе 커피
лес 숲
лéто 여름
маши́на 자동차
морóка 혼란한 것
мост 다리
муж 남편
облетáть 떨어지다
окраси́ть 물들다
окнó 창
оси́нка 사시나무
парк 공원
подрýга 여자친구
погóда 날씨
позолото 금빛으로
поймáть 잡다
пóле 들
пóчта 우체국
письмó 편지
программи́ст 프로그래머
расскáз 이야기, 단편
рекá 강
рýчка 펜
сестрá 누이(언니), 여동생

скороговóрка 말빨리 하기

словáрь 사전

сóрок 40

сорóка 까치

спорт 스포츠

стол 책상

странá 나라

студéнт 대학생

студéнтка 여대생

стул 의자

там 저곳, 저기

тóже 역시

тури́ст 관광객

тут 이곳

урóк 수업, 과(lesson)

учéбник 교과서

учи́тель 교사

хлеб 빵

центр 중심

цирк 서커스

чай 차

шкаф 장

шкóла 학교

я́блоко 사과

♪ 러시아 노래를 배워 봅시다.

Катю́ша

Расцвета́ли я́блони и гру́ши,

Поплы́ли тума́ны над реко́й

Выхо́дила на бе́рег Катю́ша,

На высо́кий бе́рег, на круто́й.

군중가요 ***까쮸샤*** **(1938)**

사과꽃 배꽃 활짝 피고

강위엔 물안개 서렸네

까쮸샤는 강기슭으로 나왔네

높고 험한 강기슭으로

전쟁을 소재로 한 영화 '킬링 필드'에 삽입되어 전세계적으로 널리 퍼진 까쮸샤는 러시아 노래중 비교적 우리에게 낯익은 노래입니다. 제2차 세계대전을 배경으로 한 이 노래에는 전쟁터에 나간 연인을 그리는 까쮸샤의 애절한 마음이 잘 나타나 있습니다.

1936년 스탈린의 대숙청과 더불어 재즈 스타들도 숙청 당했고 재즈가 없어진 대중음악에 '군중가요'가 새로운 자리를 차지하였습니다. 군중가요는 민요,

행진곡, 재즈 등의 요소를 혼합하여 부르기 쉬운 멜로디와 리듬으로 만들어졌으며 사회주의 찬양, 조국애, 스딸린 찬양, 집단화에 대한 노래들이 대부분이었지요. 이러한 군중가요 중 하나가 우리에게 잘 알려진 '까쮸샤(Катю́ша, 1938년 작)'입니다. 이 노래는 까쮸샤라는 처녀가 군에 간 연인을 그리며 안부를 전하는 내용인데 제2차 세계 대전의 전선에서 조국에 대한 충성을 맹세하면서도 고향을 그리는 군인들 사이에 선풍적인 인기를 얻었습니다. 지금까지도 이 노래는 러시아뿐 아니라 전 세계에서 인기를 얻고 있습니다.

문화 속 에티켓 알기

한국에서는 여성의 날이 크게 기념되지 않는 것과는 달리 러시아에서는 3월 8일, 여성의 날에 모든 여성들에게 꽃이나 작은 선물을 하는 것이 관례가 되어 있습니다. 이 날 여성들은 정장 차림으로 한껏 차려입고 멋을 냅니다. 러시아 남성들은 아내, 애인, 엄마 등 자신과 관계있는 여성들에게 꽃과 선물을 주며 사랑을 고백하거나 용서를 구하고 화해를 하기도 하지요. 따라서 이 날에는 꽃을 비롯하여 향수, 속옷, 샴페인 등이 가장 많이 팔립니다. 러시아 상인들은 이 날의 경기가 좋으면 1년 내내 경기가 좋을 것으로 기대합니다. 연인뿐만 아니라 그 동안 신세를 졌던 모든 여성들에게 선물을 할 수 있으며, 그다지 친한 사이가 아니라면 단순히 축하 인사를 해 주는 것으로도 충분합니다. 러시아에서 꽃을 선물할 때는 특히 1, 3, 5 식으로 홀수 송이가 되도록 주의해야 합니다. 그것은 짝수 송이의 꽃다발은 돌아가신 분에게 바치고, 살아있

는 사람에게는 홀수 송이를 선물하게 되어 있기 때문입니다.

러시아에서 생일이나 기념일에 할 수 있는 선물의 종류는 매우 다양합니다. 기념품, 책, 꽃, 향수, 화장품, 시계 등 선물을 받는 사람이 평소 좋아하는 것이나 필요한 것을 하면 되지요. 그러나 날카로운 물건은 절대 선물하면 안되는데, 그것은 칼이나 가위같은 날카로운 물건이 싸움을 상징하기 때문입니다. 그리고 손수건 역시 눈물을 상징하므로 선물하기 좋은 물건은 아닙니다.

제 2 과 (урок 2)

➡ 자음과 모음의 결합을 소리내어 익히세요.

м [м]: ма - мо - му - мэ - мы

м [м'] : мя - мё - мю - ме - ми

п [п] : па - по - пу - пэ - пы

п [п'] : пя - пё – п - ю - пе - пи

т [т] : та - то - ту - тэ - ты

т [т'] : тя - тё - тю - те - ти

н [н] : на - но - ну - нэ - ны

н [н'] : ня - нё - ню - не - ни

д [д] : да - до - ду -дэ - ды

д [д'] : дя - дё - дю - де - ди

с [с] : са - со -су - сэ - сы

с [с'] : ся - сё - сю - се - си

з [з] : за - зо - зу - зэ - зы

з [з'] : зя - зё - зю - зе - зи

б [б] : ба - бо - бу - бэ - бы

б [б] : бя - бё - бю - бе - би

в [в] :   ва - во - ву - вэ - вы

в [в'] :   вя - вё - вю - ве - ви

ф [ф] :   фа - фо - фу - фэ - фы

ф [ф'] :   фя - фё - фю - фе - фи

мы – ми

мыл – мил

мы́ло – Мила

бы – би

был – бил

бы́стро – бистро́

ны – ни

ныр – Нир

ны́нче – Ни́на

вы – ви

выл – вил

вы́шка – ви́лка

лы – ли

лыс – лис

лы́сый – ли́сий

ры – ри

ры́ба – рис

Крым – Рим

сы – си

сир – сыр

касси́р - на сыр

пи – пы

пил – пыл

питать – пытать

фи – фы

финн – фы́ра

кефи́р – шкафы́

ди – ды

Ди́ма – дым

ди́вный – ды́мный

ти – ты

Тин – тын

стиль – тыл

зи – зы

зил – зыл

зи́мний – зы́бкий

러시아어 자음은 **경자음**과 **연자음**으로 나뉩니다. 위에서 소리내며 익힌 것을 바탕으로 단어들을 읽어봅시다.

дом	брат	заво́д	ка́рта
парк	стул	пого́да	ко́мната
кни́га	оте́ц	Нет	студе́нт
музе́й	магази́н	де́ти	конве́рт
се[и]стра́	те[и]тра́дь	ме[и]тро́	униве[и]рсите́т

é→ [é] e → [и]	모음 e에 강세가 있을 때는 강하게 [e]로 발음되지만, 강세가 없을 때에는 짧은 [и]로 발음됩니다. 이 현상을 '이까니에'라고 합니다.

말 빨리하기(скорогово́рки) 놀이

* У Али́ны и Ари́ны расту́т георги́ны.

* На ры́нке Кири́лл кры́нку и кру́жку купи́л.

* Опя́ть пять ребя́т нашли́ пять опя́т.

무성 연자음과 유성 연자음을 비교해봅시다.

с - з : ся - зя сё - зё сю - зю се - зе си - зи

п - б : пя - бя пё - бё пю - бю пе - бе пи - би

ф - в : фя - вя фё - вё фю - вю фе - ве фи - ви

т - д : тя - дя тё - дё тю - дю те - де ти - ди

к - г : кя - гя кё - гё кю - гю ке - ге ки - ги

➔↘ 항상 연자음인 щ[щ']와 ч[ч']를 잘 따라해 보세요.

ща - щу - щё - ще - щи

ащ - ущ - ощ - ещ - ищ

ча - чу - чё - че - чи

ач - уч - оч - еч - ич

пло́щадь [щить] обще[щи] жи́тие

ру́чка учёбник чай

☺ 말 빨리하기(скорогово́рки) 놀이

* У четырёх черепа́шек по четы́ре черепашо́нка.

* Этой щёткой чи́щу зу́бы, э́той щёткой башма́ки,

э́той щёткой чи́щу брю́ки, все три щётки мне ну́жны.

다음 단어들을 강세를 지켜 소리내어 읽어보세요.

_ : мать брат дом стол врач чай муж

_ _́ : оте́ц сестра́ письмо́ жена́ теа́тр студе́нт когда́

_́ _ : кни́га ру́чка по́чта пло́щадь

_́ _ _ : ко́мната я́рмарка ко́ротко

_ _́ _ : уче́бник подру́га студе́нтка зага́дка рабо́та пода́рок

_ _ _́ : институ́т магази́н инжене́р городо́к

_ _ _́ _ : госуда́рство

_ _ _́ _ _ : общежи́тие

_ _ _ _ _́ : университе́т

억양구조 2(ИК-2)와 억양구조 3(ИК-3)

ИК-2

주의 환기	Кто э́то? Анто́н, уто э́то?
절대적 단호한 문장	
요구	
의문사 있는 의문문	Кака́я столи́цато Росси́и?

2 1

- Кто э́то? - Это Анто́н.

2 2 1

- А́нна, кто э́то? - Это моя́ подру́га Ни́на.

2 2 1

- Анто́н, что э́то? - Это ка́рта.

ИК-3

되물을 때 Ты?

도움을 지지할 때

공손한 요청

의문사 없는 의문문 Вы студе́нт?

3 1

- Вы инжене́р? - Да, инжене́р.

3 1

- Мой брат студе́нт, а моя́ сестра́ врач.

인사

만났을 때

Здра́вствуйте! 안녕하세요! Здра́вствуй! 안녕!

Привет! 안녕!

До́брое у́тро! 좋은 아침입니다!

До́брый день! 좋은 낮입니다!

До́брый ве́чер! 좋은 저녁입니다!

헤어질 때

До свида́ния! 안녕히 가세요! (안녕!)

Пока́! 잘 가!

밤인사

Спокóйной нóчи! 안녕히 주무세요! (잘 자!)

만나서 반갑다

Я рад познакóмиться. (화자가 남성일 때)

Я рáда познакóмиться. (화자가 여성일 때)

다음 인사들을 익혀봅시다.

- Здрáвствуйте!

- Здрáвствуйте!

- Я Ивáн Петрóвич.

- Я Сумú.

- Я рад познакóмиться.

- Я радá тóже познакóмиться.

- Сумú здрáвствуйте!

- Дóбрый день, Ивáн Петрóвич!

- Здрáвствуйте, Пётр!

- До́брое у́тро, А́нна!

- До́брый ве́чер, А́нна!

- Здра́вствуйте, Ива́н!

- Са́ша, приве́т!

- Приве́т, Ма́ша!

- А́нна, приве́т!

- Приве́т, Пётр!

- Здра́вствуйте, А́нна Никола́евна!

- Здра́вствуйте, Ни́на Серге́евна! Всё хорошо́?

- Да, спаси́бо.

- Пётр Никола́евич, здра́вствуйте!

- До́брый день, Ива́н Петро́вич! Всё хорошо́?

- Нет, не всё.

- А́нна, приве́т!

- Приве́т, Пётр! Всё хорошо́?

- Да, спаси́бо.

- До свида́ния, А́нна Никола́евна!

- До свида́ния, Нина Серге́евна!

- А́нна, до свида́ния!

- До свида́ния, Ива́н!

- Пока́, Та́ня!

- Пока́!

Что э́то? 이것은 무엇입니까?

- Что э́то?
- Это стол.

- Что э́то?
- Это Москва́. Это мой родно́й го́род.

- Что э́то?
- Это журна́л.

Кто это? 이 사람은 누구입니까?

- Кто э́то?
- Это мой оте́ц.

- Кто э́то?
- Это моя́ мать.

- А кто э́то?
- Это мой брат и моя́ сестра́.

семья́ 가족

мать(ма́ма) 어머니(엄마)　　оте́ц(па́па) 아버지(아빠)

жена́ 아내　　муж 남편

сын 아들　　дочь 딸

брат 형제

сестра́ 자매

ба́бушка 할머니

де́душка 할아버지

вну́чка 손녀

внук 손자

다음을 기억합시다.

Это кни́га. 이것은 책입니다.

Это ру́чка и каранда́ш. 이것은 펜과 연필입니다.

Это ма́льчик. 이 사람은 소년입니다.

Это не де́вочка. 이 사람은 소녀가 아닙니다.

Это де́вочка и́ли ма́льчик? 이 사람은 소녀입니까, 아니면 소년입니까?

다음 대화들을 소리내어 익혀봅시다.

- Скажи́те, пожа́луйста, кто э́то?

- Это моя́ жена́.

- А э́то ва́ша до́чка?

- Да, э́то моя́ до́чка.

- Это ваш муж?

- Да, э́то мой муж Андре́й.

- А э́то ваш брат и сестра́?

- Да, э́то мой брат Бори́с и моя́ сестра́ Ни́на.

- Скажи́те, пожа́луйста, э́то ва́ши де́ти?

- Да, э́то мои́ де́ти, Ма́ша и Са́ша.

- А э́то ва́ша жена́?

- Да, э́то моя́ жена́.

- Это ваш дя́дя и ва́ша тётя?

- Да, э́то мой дя́дя и моя́ тётя.

- А э́то ваш оте́ц и ва́ша мать?

- Да, э́то мой оте́ц и моя́ мать.

- Скажи́те, пожа́луйста, кто э́то?

- Это моя́ до́чка.

- А э́то ваш сын?

- Да, э́то мой сын.

직업이나 신분 나타내기

Кто э́то? 이 사람은 누구입니까?

Это моя́ подру́га. 이 사람은 내 여자친구입니다.

А кто она́? 그러면 그녀는 무엇을 하는 사람입니까?

Она студе́нтка. 그녀는 여대생입니다.

Серёжа, кто твой па́па? 세료자,

네 아버지는 무슨 일을 하시는 분이니?

Мой па́па - лётчик. А твой? 우리 아버지는 비행사야.

너의 아버지는?

Мой па́па - дире́ктор ба́нка. 우리 아버지는 은행 지점장이야.

Кто вы по профе́ссии? 당신의 직업은 무엇입니까?

Я - инжене́р. 나는 엔지니어입니다.

Кто вы по специа́льности? 당신의 직업은 무엇입니까?

Я - музыка́нт. 나는 음악가입니다.

➔ 직업을 나타내는 어휘를 알아둡시다.

арти́ст 예술가

спортсме́н 운동선수

инжене́р 엔지니어, 기사

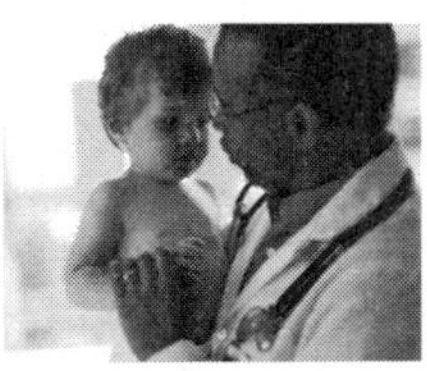

врач 의사

учёный 학자

музыка́нт 음악가

фото́граф 사진사

касси́р 회계원

шофёр 운전기사

медсестра́ 간호사

лётчик 비행사

продаве́ц 판매원

бизнесме́н 사업가

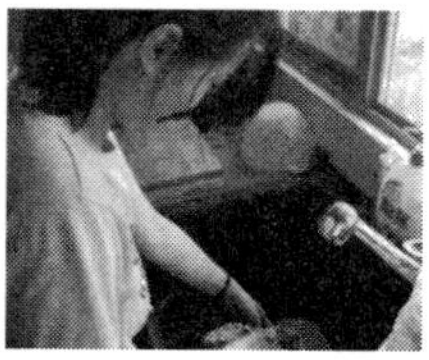

домохозя́йка 전업주부

다음 대화를 연습하세요.

- Антóн, вы студéнт?

- Да, студéнт.

- Анна, скажи́ пожáлуйста, кто э́то?

- Это моя́ подру́га Ни́на.

- А кто онá?

- Онá врач.

- Нина, кто э́то?

- Это мой брат.

- Он студéнт?

- Нет, он ужé инженéр.

- Кто вы по профéссии?

- Я — музыкáнт. Скрипáч.

- А где вы рабóтаете?

- Я рабóтаю в оркéстре.

- Прости́те, кто вы по специáльности?

- Я — инженéр.

- А ва́ша жена́?

- Ле́на — студе́нтка.

이름 묻고 답하기

- Как вас зову́т? 당신의 이름은 무엇입니까?

- Меня́ зову́т Серге́й. 제 이름은 세르게이입니다.

- Как тебя́ зову́т? 네 이름은 무엇이니?

- Как его́ зову́т? 그의 이름은 무엇입니까?

- Как её зову́т? 그녀의 이름은 무엇입니까?

- Как ва́ше и́мя и о́тчество? 당신의 이름과 부칭은 무엇입니까?

- Как ва́ша фами́лия? 당신의 성은 무엇입니까?

- Познако́мьтесь, пожа́луйста, э́то А́нна.

  А э́то Минхо́.

인사 나누세요. 이쪽은 안나입니다.

그리고 이쪽은 민호입니다.

다음 대화를 연습하세요.

- Скажи́те, пожа́луйста, как ва́ше и́мя и о́тчество?

- Ива́н Петро́вич.

- Скажи́те, пожа́луйста, как ва́ша фами́лия?

- Во́лков.

- Как вас зову́т?

- Меня́ зову́т Ива́н.

- Скажи́те, пожа́луйста, как вас зову́т?

- Во́лков, Ива́н Петро́вич.

- Как тебя́ зову́т?

- Меня́ зову́т Та́ня.

- Ме́ня зову́т Бори́с. А вас?

- А ме́ня зову́т Никола́й. О́чень прия́тно.

- Ни́на Серге́евна.

- Пётр Никола́евич. О́чень прия́тно.

- Э́то ваш друг?

- Да.

- Как его́ зову́т?

- Ви́ктор.

- А кто он?

- Он студе́нт.

- Моя́ фами́лия — Королёва. - Моё и́мя и о́тчество — Ни́на Серге́евна. - Я — Ни́на Серге́евна Королёва. - Меня́ зову́т Ни́на Серге́евна Королёва. - Ни́на Сере́евна.

упражнения

1. 다음을 우리말로 옮기세요.

Меня́ зову́т Анто́н. Я студе́нт. Это мой друг, Бори́с. Он то́же студе́нт.

Э́то мой брат, Ива́н. Он инжене́р. А э́то моя́ сестра́, А́нна. Она́ студе́нтка.

Э́то уче́бник. Э́то слова́рь. Э́то газе́та и журна́л. Э́то ру́чка и каранда́ш.

2. 빈곳에 적당한 말을 넣으세요.

- Это ваш брат?	- Да, э́то ____________________.
- __________?	- Он врач.
- А _________?	- Да, э́то моя́ сестра́.
- А кто она́?	- Она́ ____________________.

3. 억양에 맞춰 소리내어 읽은 후 우리말로 옮기세요.

1

Это Ива́н Ива́нович Петро́в и Ни́на Ива́новна Петро́ва.

1 1

Он врач. Она́ то́же врач.

1 1

Э́то муж и жена́: Влади́мир Петро́вич Миха́йлов и Тама́ра

1

Ива́новна Миха́йлова.

3 1

Он инжене́р, а она́ врач.

4. 텍스트를 우리말로 옮기세요.

Это я. А э́то моя́ семья́ Э́то мой оте́ц. Его́ зову́т Влади́мир Петрови́ч. Он инжене́р. А э́то моя́ ма́ма. Её зову́т Тама́ра Ива́новна. Она́ врач. Э́то мой брат Са́ша. Он студе́нт.

А э́то моя́ сестра́ Ната́ша. Она́ то́же студе́нтка.

5. 다음 빈곳에 적당한 말을 넣으세요.

1) - Вы шофёр?

- Да, ________________.

- Нет, ________________.

2) - Кто вы?

- ____________________.

3) - Бори́с, ты студе́нт и́ли учи́тель?

- ____________________.

4) - Твой брат Анто́н врач?

- Нет, ________________. Он инжене́р.

★ 단어외우기

артúст 예술가
бáбушка 할머니
бизнесмéн 사업가
вéчер 저녁
внук 손자
внýчка 손녀
врач 의사
дéдушка 할아버지
день 날, 낮
дéти 아이들
дóбрый 좋은
домохозя́йка 전업주부
дóчка(дочь) 딸
дя́дя 아저씨, 숙부
женá 아내
инженéр 엔지니어
úмя 이름
кассúр 회계원
конвéрт 봉투
когдá 언제
кóротко 짧다
лётчик 비행사
магазúн 상점
мáма 엄마
мать 어머니
медсестрá 간호사
метрó 지하철
муж 남편
музéй 박물관
музыкáнт 음악가
ночь 밤
общежúтие 기숙사
отéц 아버지
óтчество 부칭
óчень 매우
пáпа 아빠
плóщадь 광장
подáрок 선물
прия́тно 반갑다
продавéц 판매원
рад(рáда) 기쁘다
роднóй 태어난
семья́ 가족
скрипáч 바이올린 연주가
спортсмéн 운동선수
столúца 수도
сын 아들
тетрáдь 공책
тётя 아줌마, 숙모
университéт 대학교
ýтро 아침
учёный 학자
фамúлия 성
фотóграф 사진사
шофёр 운전기사
я́рмарка 시장

♪ 러시아 노래를 배워 봅시다.

Подмоско́вные вечера́

Не слышны́ в саду́ да́же шо́рохи,

Всё здесь за́мерло до утра́.

Если б зна́ли вы, как мне до́роги

Подмоско́вные вечера́.

Если б зна́ли вы, как мне до́роги

Подмоско́вные вечера́.

모스크바 근교의 밤

정원에는 나뭇잎 사각거리는 소리조차 들리지않고

여기 모든 것이 아침까지 멈추었네.

당신이 알아준다면, 내게 얼마나 소중한지

모스크바 근교의 밤이.

당신이 알아준다면, 내게 얼마나 소중한지

모스크바 근교의 밤이.

스딸린의 퇴장과 함께 군중가요도 점차 시들고, 대신 소련 팝이 인기를 얻었습니다. 소련 팝은 다양한 러시아 대중음악 장르들과 서구 팝과의 혼합이었는데 초기의 대표적인 것이 바로 이 '모스크바 근교의 밤(Подмоско́вные вечера́, 1956년)'입니다.

우리가 러시아를 상상하면 떠오르게 되는 것은 만화경 같은 이미지들입니다. 끝없이 펼쳐진 대지위에 하늘을 찌르는 첨탑과 외관이 장대한 웅장한 건물들, 황금색의 둥근 지붕을 가진 아름다운 교회, 특히 모스크바 붉은 광장에 있는 성 바실리 성당의 화려함은 눈이 부십니다. 모스크바 근교의 다차들, 소박한 농가, 그리고 이러한 전통적이거나 종교적인 건물과는 다른 특색 없는 똑 같은 모양의 아파트 단지 등. 급변하며 새로이 거듭나고 있는 러시아는 과거의 전통 위에 현대적 모습들을 채색하며 다양한 이미지를 만들어내고 있습니다. 500여년의 역사를 가진 모스크바는 도시의 전체 모습이 환상형입니다. 중심부는 우리에게 익히 많이 알려진 붉은 광장 일대이지요. 이곳에는 대통령이 일하고 있는 끄레믈리(Кремль)를 비롯하여 앞서 말한 성 바실리 사원, 우스뻰스끼 사원, 아르한겔스끼 사원 등 역사적 건축물과 레닌 묘, 굼(ГУМ) 백화점, 역사 박물관, 약간 떨어진 곳에 있는 러시아 호텔 등 다양한 건축물이 어우러져 있습니다.

문화 속 에티켓 알기

러시아인의 공식적인 성명은 이름, 부칭, 성의 세 부분으로 구성됩니다. 고대 러시아인들의 선조인 동슬라브인들에게는 이름만이 있었으나 15세기 모스크바 공국 시대에 성이 생겨났고 그 이후에 부칭이 더해졌지요.

구어에서 가깝지 않은 사이에 예의를 갖춰 부를 때에는 이름과 부칭이 함께 사용되어집니다. 부칭은 부친의 이름에 남성의 경우에는, -오비치(ович), -예비치(евич), -이치(ич) 등을 붙이고, 여성의 경우에는 -오브나(овна), -예브나(евна), -이니치나(инична), -이치나(ична) 등의 접미사를 붙여 만듭니다. 예를 들어 올가(Ольга)와 안드레이(Андрей)가 이반(Иван)의 딸과 아들이라면, 이들은 올가 이바노브나(Ольга Ивановна)와 안드레이 이바노비치(Андрей Иванович)가 되는 것이지요. 부칭은 공식적인 자리에서 사용되며 영어에서 Mr와 Mrs를 사용하는 것과 비슷한 기능을 갖습니다.

대다수의 러시아인들의 성은 -ов, -ев, -ин(예. 이바노프Ивано́в, 포민Фо́мин)으로 끝납니다. 또한 -ский(예. 차이꼽스끼Чайко́вский)로 끝나는 성도 종종 나타나는데 러시아인들은 그러한 성이 폴란드, 벨로루시 혹은 유태계 이주민들에 의해 생겨난 성이라고 생각합니다. -ский로 끝나는 성은 또한 소설에서 기원되었거나 교회에서 기원되기도 하였습니다. 러시아 연방은 다양한 국적의 사람들이 살고있기 때문에 성 또한 다양합니다.

공식적인 서류나 서한에 쓰이는 서명에는 이름과 성을 사용하는데 이름은 첫 글자만 사용합니다. 즉 이름과 성이 블라지미르 이바노프(Влади́мир Ивано́в)인 경우 В. Ивано́в로 서명합니다. 우리에게 유명한 러시아의 대문호 똘스또이의 이름을 살펴보면, '레프 니꼴라예비치 똘스또이'(Лев Никола́евич Толсто́й)인데, 정식 이름에서 똘스또이의 아버지 이름이 니꼴라이였음을 알 수 있고, 똘스또이는 성, 레프가 이름임을 알 수 있습니다.

여러분은 똘스또이의 장편 <전쟁과 평화>에 나오는 여주인공 나따샤(Ната́ша)를 기억할 것입니다. 영화로 만들어진 <전쟁과 평화>에서 날씬하고 상냥한 매력적인 나따샤가 무도회장에서 춤추는 모습을 보며 그녀의 이름 또한 좋은 인상으로 남았을 것인데 이 나따샤라는 이름은 공식적인 이름이 아닌 지소형(指小型)입니다. 공식적인 이름은 나딸리야(Ната́лья)이며 어렸을 때나 가족, 친지 사이에서는 '나따샤'라는 지소형이나 '나따쉔까'라는 애칭형이 사용됩니다. 남성의 경우도 유리(Ю́рий)라는 공식적인 이름이 '유라'(Ю́ра), '유로츠까'(Ю́рочка), '유르까'(Ю́рка) 등으로 불립니다. 비공식적인 자리에서 그리고 아이들에게 러시아인들은 이름의 친근한 형태를 사용하는데 이것이 지소형(애칭형)입니다. 지소형들은 다양한 접미사들이 부착되어 여러 가지 형태로 파생되는데 이러한 지소형 이름 때문에 러시아인들은 이름이 여러 가지라는 소리를 듣는 거지요.

제 3 과 (урок 3)

➔ 러시아어 자음 [л], [л'], [р], [р']와 모음의 결합을 소리내어 봅시다.

[р] ра - ро - ру - рэ - ры - ар

[р'] ря - рё - рю - ре - ри - арь

[л] ла - ло - лу - лэ - лы - ал

[л'] ля - лё - лю - ле - ли -аль

пал-пар	кран-клан	парки-палки	лада-рада
стал-стар	крот-плот	по́рка-по́лка	Авро́ра-Ло́ла
стул-тур	прут-плут	Му́рка-бу́лка	ру́мба-клу́мба

ла́рри-ра́лли	рола́н-лора́н	руло́н-уро́н
кряг-ляг	пресс-лес	крюг-ключ
тря́ска-пля́ска	треск-блеск	брюки-люки
моря́к-туля́к	вре́мя-пле́мя	брю́ква-клю́ква
рёв-лёв	трёп-шлёп	рис-лис
кари́на-кали́на	брёвна-клёна	мари́на-мали́на

_ : фильм

_́ _ : го́род а́дрес

_ _́ : река́ слова́рь

_́ _ _ : у́лица

_ _́ _ : столи́ца това́рищ

_ _ _́ : телефо́н

_ _́ _ _ : столо́вая фами́лия

_ _ _́ _ : телеви́зор

_ _ _ _́ _ : библиоте́ка преподава́тель

_ _ _́ _ _ : ау-ди-то́-ри-я

말 빨리하기(скороговóрки) 놀이

Карл у Кла́ры укра́л кора́ллы.

Ва́ря и Ва́ля игра́ли на роя́ле.

Наш Полка́н попа́л в капка́н.

Соло́мы воз возни́ца вёз.

Шёл косо́й козёл с косо́й.

[р']와[л'] 발음에 유의하며 다음을 소리내어 읽어보세요.

Пéсенка

Жáворонок распевал: тюр-р-ли!

В пóле пéсню распевáл: тюр-р-ли!

А я пó полю пошлá,

Эту пéсенку нашлá -

Тюр-р-ли! Тюр-р-ли! Тюр-р-ли!

명사의 성과 수

	단수	복수
남성	-자음 -ь, -й	-ы -и
여성	-а -я, -ь	-ы -и
중성	-о -е	-а -я

자음으로 끝나는 남성명사의 복수형에서 -г, -к, -х, -ж, -ч, -ш, -щ 로 끝나는 경우에는 복수어미에 -ы 가 아니라 -и 가 붙는 것을 꼭 기억하세요.

карандáш - карандаши́ врач - врачи́ учéбник - учéбники

단어들을 예로 들어 성과 수의 어미변화를 익힙시다.

	단수	복수
남성	журна́л уро́к музе́й слова́рь	журна́лы уро́ки музе́и словари́
여성	маши́на кни́га тётя ночь	маши́ны кни́ги тёти но́чи
중성	письмо́ общежи́тие	пи́сьма общежи́тия

불규칙한 복수형

중성명사에서
-мя로 끝나는 중성명사의 복수형은 -ена́ и́мя - имена́ , вре́мя - времена́
남성명사에서
дом - дома́, учи́тель - учителя́, па́спорт - паспорта́
차용어에서
차용어들의 대다수는 단수형과 복수형의 변화 없음 ко́фе - ко́фе, кино́ - кино́, пальто́ - пальто́ ра́дио - ра́дио, такси́ - такси́ бюро́ - бюро́

소유대명사와 명사의 결합

남성	여성	중성	복수
мой журна́л мой слова́рь	моя́ газе́та моя́ тетра́дь	моё письмо́ моё я́блоко	мои́ журна́лы мои́ словари́ мои́ газе́ты мои́ тетра́ди мои́ пи́сьма

소유대명사

	남성	여성	중성	복수
나의	мой	моя́	моё	мои́
너의	твой	твоя́	твоё	твои́
우리의	наш	на́ша	на́ше	на́ши
당신(들)의	ваш	ва́ша	ва́ше	ва́ши
그의	его́	его́	его́	его́
그녀의	её	её	её	её
그들의	их	их	их	их

мой, твой, наш, ваш

дом, журна́л, стол, учѐбник,
стул, каранда́ш, слова́рь,
оте́ц, брат, сын, де́душка,

моя́ твоя́, на́ша, ва́ша	шко́ла, газе́та, маши́на, ру́чка кни́га, тетра́дь, гру́ша сестра́, ма́ма, ба́бушка, дочь
моё, твоё, на́ше, ва́ше	я́блоко, письмо́
мои́, твои́, на́ши, ва́ши	журна́лы, столы́, уче́бники, дома́ шко́лы, газе́ты, кни́ги, гру́ши я́блоки, пи́сьма

감사의 표현

- Спаси́бо. 감사합니다.
- Пожа́луйста. 천만에요.

- Пожа́луйста, ваш биле́т.

- Спаси́бо.

- Большо́е спаси́бо за пода́рок.

- Пожа́луйста.

- Скажи́те, пожа́луйста, кто э́то?

- Никола́й Петро́вич. Он профе́ссор МГУ.

- Спаси́бо.

- Пожа́луйста.

- Чай и́ли ко́фе?

- Ко́фе, пожа́луйста.

- Вот ко́фе.

- Большо́е спаси́бо.

- Пожа́луйста.

-Э́то вода́?

- Нет, это не вода́. Э́то молоко́.

- Молоко́, пожа́луйста.

- Пожа́луйста.

- Спаси́бо.

‘누구의’

남성	여성	중성	복수
чей	чья	чьё	чьи

다음 대화를 연습하세요.

- Э́то ваш журна́л?

- Да, мой.

- Да́йте, пожа́луйста.

- Пожа́луйста.

- Э́то твоя́ сестра́?

- Нет, не сестра́. Это подру́га.

- Чей э́то дом?

- Э́то наш дом.

- Чьё э́то ме́сто?

- Э́то его́ ме́сто.

- Чья э́то су́мка? Ва́ша?

- Да, моя́. Спаси́бо.

- Чьи э́то тетра́ди? Твои́?

- Нет, не мои́. Это их тетра́ди.

- Э́то ва́ши пи́сьма?

- Нет, не мои́.

- Чьи э́то пи́сьма?

- Э́то её пи́сьма.

명사의 격

러시아어 명사에는 성, 수 외에 격의 문법적 표지를 갖습니다. 격은 문장 속에서 명사와 다른 단어와의 관계, 동작의 주체와 대상, 수혜자, 동작 도구 등의 관계를 표시합니다. 격은 다의미성을 가지고 있어서 주격 하나로도 주어를 나타내거나 술어를 표현할 수 있으며 조격 하나로도 도구, 방법, 술어 표현 등 다양한 기능을 담당할 수 있습니다. 6격의 형태는 어미변화에 의해 달라집니다.

명사의 6가지 격의 일반적인 기능은 다음과 같습니다.

주격	주어나 행위의 주체
생격(소유격)	소유, 양이나 수의 부분, 존재부정
여격	행위의 간접목적
대격(목적격)	행위의 직접목적
조격	행위 수행의 수단 및 방법, ~와 함께
전치격	장소를 나타내는 전치사와 함께 쓰임

격 사용에 관한 러시아어 예문을 봅시다.

Oнá читáет кни́гу. 그녀는 책을 읽고 있다.
주격 대격

Oнá читáет кни́гу в библиотéке. 그녀는 도서관에서 책을 읽고 있다.
주격 대격 전치격

Oнá мне даёт кни́гу. 그녀가 나에게 책을 준다.
주격여격 대격

다음 대화를 연습하세요.

- Э́то ваш журна́л?

- Да, мой.

- Э́то твоя́ газе́та?

- Нет, не моя́.

- Чей э́то учитель?

- Э́то наш учи́тель. Он до́брый.

- Ви́ктор, э́то ва́ша ру́чка?

- Нет, не моя́. Э́то его́ ру́чка.

다음 텍스트를 소리내어 읽고 소유대명사를 찾아봅시다.

Это наш институ́т. Вот наш спортза́л и на́ша столо́вая. Э́то клуб и библиоте́ка. А вот на́ша аудито́рия. Э́то наш преподава́тель. Его́ зову́т Ива́н Петро́вич. Э́то Анто́н и А́нна. Э́то их кни́ги, тетра́ди и карандаши́

동사 활용

Áнна смóтрит телеви́зор.

안나는 텔레비젼을 보고있습니다.

동작이나 상태를 나타낼 때에는 동사를 사용합니다. 러시아어 동사는 주어의 인칭에 따라 어미활용을 합니다. 즉 어미의 형태만 보면 주어와의 관계를 알 수가 있지요. 동사활용은 비교적 규칙적으로 이루어지는데 그 종류는 두 가지입니다. 여기에서는 먼저 첫 번째 동사활용인 제 1 식 변화를 소개합니다.

дéлать (동사원형) '하다'		
	단수	복수
1인칭	(я) дéлаю	(мы) дéлаем
2인칭	(ты) дéлаешь	(вы) дéлаете
3인칭	(он,онá) дéлает	(они́) дéлают

читáть (동사원형) '읽다'		
	단수	복수
1인칭	(я) читáю	(мы) читáем
2인칭	(ты) читáешь	(вы) читáете
3인칭	(он,онá) читáет	(они́) читáют

- Что вы здесь де́лаете? 당신은 여기에서 무엇을 하십니까?

- Я рабо́таю. 나는 일하고 있습니다.

- Что де́лает А́нна? 안나는 무엇을 합니까?

- Не́чего. 아무 것도 안 해요.

- Таня, что ты де́лаешь? 따냐, 너는 무엇을 하고있니?

- Сейча́с я пишу́ письмо́. 지금 나는 편지를 쓰고있어.

- Кто отдыха́ет? 누가 쉬고 있습니까?

- Мой друг Бори́с отдыха́ет. 내 친구 보리스가 쉬고 있습니다.

- Вы понима́ете по-ру́сски? 당신은 러시아어를 이해합니까?

- Да, я понима́ю. 네, 이해합니다.

- Ты зна́ешь ру́сский язы́к? 너는 러시아어를 아니?

- Нет, я не зна́ю. 아니, 나 몰라

знать'알다'를 사용한 표현 익히기

Я зна́ю, кто э́то. 나는 이 사람이 누구인지 안다.
Я зна́ю, что э́то. 나는 이것이 무엇인지 안다.
Я зна́ю, кто она́. 나는 그녀가 무엇 하는 사람인지 안다.
Я зна́ю, как его́ зову́т. 나는 그의 이름을 안다.
Я зна́ю, чей э́то дом. 나는 이것이 누구의 집인지 안다.

- Кто зна́ет, что э́то.? - Никто́ не зна́ет. 아무도 알지 못한다.

- Вы зна́ете, кто э́то?
- Да, зна́ю.
- Нет, не зна́ю.

- Ты зна́ешь, что э́то?
- Да, зна́ю.
- Нет, не зна́ю.

다음 텍스트를 소리내어 읽고 Борис의 질문에 답하세요.

Вы уже́ зна́ете, кто я. Я студе́нт. Меня́ зову́т Бори́с. Моя́ фами́лия Ивано́в. А э́то мои́ друзья́: А́нна, Ива́н, Ви́ктор. Моя́ подру́га А́нна то́же студе́нтка. А Ива́н и Ви́ктор бизнесме́ны. Они́ москвичи́ Москва́ - наш родно́й го́род. А кто вы и ва́ши друзья́?

упражнения

1. 다음 빈곳에 알맞은 말을 넣으세요.

1) Это Антóн. Это ________ журнáлы.

2) Это Ни́на. Это ________ кни́ги.

3) - Это ________ газéта? - Нет, не ________.

4) - Сáша, это ________ учéбник? - Да, ________.

5) - ________ э́то сестрá? - Моя́.

6) - ________ э́то тетрáди и рýчки? - Это их тетрáди и рýчки.

7) - Это ________ словáрь? - Нет, не мой, а егó.

2. 다음 동사들의 활용형을 쓰세요.

일하다	휴식하다	읽다	듣다	알다
рабóтаю				
рабóтаешь				
рабóтает				
рабóтаем				
рабóтаете				
рабóтают				

3. 다음 빈곳에 적당한 말을 넣으세요.

1) Что вы ____________? - Я чита́ю кни́гу.

2) Он не знает? - Нет, он не _______, а я ________.

3) Анто́н понима́ет по-коре́йски? - Нет, А́нна __________.

4) Ты уже́ ________, как его́ зову́т?

5) Вы зна́ете, ______ э́то? - Да, э́то А́нна Петро́вна.

6) _______ зна́ет, что э́то? - Никто́ не зна́ет.

7) Мой оте́ц учи́тель. Он ___________ в шко́ле.

8) Что она́ де́лает? - Она́ __________ телеви́зор.

★ 단어외우기

а́дрес 주소
аудито́рия 강당
библиоте́ка 도서관
биле́т 표
бюро́ 사무소
вода́ 물
вре́мя 때
гру́ша 배
до́брый 선한, 좋은
кино́ 영화관
ко́фе 커피
молоко́ 우유
пальто́ 외투
па́спорт 패스포트
пода́рок 선물
преподава́тель 강사
профе́ссор 교수
ра́дио 라디오
сейча́с 지금
слова́рь 사전
столи́ца 수도
столо́вая 식당
су́мка 핸드백
такси́ 택시
телеви́зор 텔레비전
телефо́н 전화
това́рищ 동무
у́лица 거리

уче́бник 교과서
фи́льм 영화
чай 차
шко́ла 학교
дать 주다:
даю, даёшь, даёт, даём, даёте, дают
де́лать 하다:
де́лаю, де́лаешь, де́лает, де́лаем, де́лаете, де́лают
зна́ть 알다:
зна́ю, зна́ешь, зна́ет, зна́ем, знаете, знают
отдыха́ть 휴식하다:
отдыха́ю, отдыха́ешь, отдыха́ет, отдыха́ем, отдыха́ете, отдыха́ют
писа́ть 쓰다:
пишу́, пи́шешь, пи́шет, пи́шем, пи́шете, пи́шут
понима́ть 이해하다:
понима́ю, понима́ешь, понима́ет, понима́ем, понима́ете, понима́ют
рабо́тать 일하다:
рабо́таю, рабо́таешь, рабо́тает, рабо́таем, рабо́таете, рабо́тают
слу́шать 듣다:

слу́шаю, слу́шаешь, слу́шает, слу́шаем, слу́шете, слу́шают

чита́ть 읽다:

чита́ю, чита́ешь, чита́ет, чита́ем, чита́ете, чита́ют

♪ 러시아 노래를 배워 봅시다.

Ста́рый клён

Ста́рый клён, ста́рый клён,

Ста́рый клён стучи́т в стекло́.

Приглаша́я нас с тобо́ю на прогу́лку.

Отчего́, отчего́, отчего́ мне так светло́?

Оттого́, что ты идёшь по переу́лку.

단풍나무

오래된 단풍나무, 오래된 단풍나무,

오래된 단풍나무가 유리창을 두드리네,

너와 함께하는 산책길에 자신을 초대하며.

왜, 왜, 왜 난 이렇게 기쁠까

네가 골목길을 걷고있기 때문이지.

이 노래는 러시아 영화 "처녀들(Девча́та)"에 삽입되어 그 감미로운 멜로디로 대중들의 사랑을 받았습니다. 러시아 영화 감독들은 세계영화사의 고전으로 남아있는 여러 편의 영화를 제작했습니다. 적어도 서구의 거의 모든 사람들은 지난 세기 최고의 영화들 중 하나로 인정받고 있는, 세르게이 에이젠쉬쩨인이 1926년에 제작한

<전함 빠쫌낀>의 그 유명한 오데사 계단 장면을 보았을 것이며 영상시인이라 불리는 안드레이 따르꼽스끼의 영화 한 장면쯤은 보셨을 것입니다.

1920년대 아방가르드 영화로부터 스딸린 시대의 사회주의 리얼리즘 영화, 안드레이 따르꼽스끼의 예술성 높은 작가주의 영화, 1960, 70년대의 유쾌한 코미디물, 1980년대의 과거 역사에 대한 철저한 반성과 견실한 도시 드라마, 그리고 오늘날 더 이상 이데올로기 통제를 받지 않는, 보다 상업화된 영화들에 이르기까지 러시아 영화 유산은 사회에 대한 귀중한 통찰력을 우리에게 제공합니다. 한때 러시아는 '소비에뜨'라는 이름 하에 외부 세계와 고립되어있었고, 우리에게 낯설고 먼 나라로만 느껴졌습니다. 그러나 우리가 그들의 영화를 통해 볼 수 있는 것 같이 그 사회 역시 보편적인 삶을 사는 사람들이 대부분입니다. 2004년에는 니끼따 미할꼬프 감독이 만든 "시베리아의 이발사(Сиби́рский цирюльник, Love of Siberia)"가 전세계에 개봉되어 많은 사랑을 받았습니다.

문화 속 에티켓 알기

러시아를 여행하는 사람들이 가장 많이 사오는 것이 무엇일까요? 그것은 아마도 전통 목각인형인 마뜨료슈까(матрёшка)와 러시아의 대표

적 술인 보드까(во́дка)일 것입니다. 요즘은 마뜨료슈까 인형 속에 보드까 병을 넣은 상품이 인기입니다. 우리에게 추운 나라로 인식되는 러시아에서 보드까가 서민들의 삶과 어떤 관계를 갖고 있는지는 부언 설명하지 않아도 짐작이 될 것입니다. 보드까는 어원이 '물(вода́)'에서 파생된 것으로 알코올 도수가 40%나 되는 무색 무취의 독한 술입니다. 곡물을 증류하여 제조하는 보드까는 추운 겨울동안 러시아인들을 따뜻하게 해주는 가장 대중적인 술이지요. 상뜨 뻬쩨르부르그의 보드까 박물관에서는 다양한 보드까를 맛볼 수 있어 애주가들이 들리곤 합니다. "러시아인들은 보드까 없이 살 수 없다"라는 말이 있듯이 많은 러시아인들이 보드까를 즐겨 마시고 있으며 여러 사람이 술자리를 같이할 때 첫잔은 반드시 단번에 비우는 것이 관례입니다. 또한 러시아인들은 술자리에서 돌아가며 건배 제의(тост)를 합니다. 러시아 요리는 지역마다 차이가 있지만 전채(заку́ска), 수프, 주요리, 후식의 순서로 진행되는 식단과 서두르지 않고 오랫동안 담소하면서 식사를 즐기는 식사문화는 오늘날에도 일반적입니다. 러시아인들의 주식은 빵(хлеб)인데, 농촌에서는 주로 호밀을 이용

하여 빵을 만들었기 때문에 그 색깔이 검습니다. 호밀은 러시아의 한랭하고 척박한 땅에서도 잘 자랐고 이를 원료로 한 검은 빵은 영양이 많다고 하여 러시아인들에게 늘 사랑을 받아왔지요. 러시아의 검은 빵은 다른 유럽 등지의 검은 빵보다 더 찰지고 신맛이 나는 것이 특징입니다. 음식문화에 있어서 빵이 차지하는 비중이 매우 큰 데 그러한 면을 알 수 있는 말로 '빵과 소금(хлеб и соль)'이라는 말이 있습니다. 이 말은 '융숭한 대접'이라는 상징적인 의미를 담고 있어 손님 접대 시에 소금이 담긴 둥글고 큰 빵을 식탁에 놓아 지극한 환대를 표시합니다.

제 4 과 (урок 4)

자음 г, к, х 와 모음의 결합을 소리내어 봅시다.

[г], [к], [х] + а, о, у

га – го – гу　　га – ка – ха　　ага – ого – угу

ка – ко – ку　　го – ко – хо　　ака – око – уку

ха – хо – ху　　гу – ку – ху　　аха – охо – уху

[г], [к], [х] + е, и

ге – ги　　ге – ке – хе

ке – ки　　ги – ки – хи

хе - хи

кинотеа́тр　　кни́ги　　стихи́　　кио́ск　　де́ньги

[г] : вокза́л　　анекдо́т　　экза́мен　　та́кже　　к жене́

[к] : некта́р　　акко́рд　　экспе́рт　　ма́кси　　к стене

말 빨리하기(скороговорки) 놀이

Куку́шка кукушо́нку купи́ла капюшо́н.

Под кро́ной ду́ба Лю́ба.

Не дуй губ на дуб.　На дуб не дуй губ.

수수께끼(загáдка) 놀이

* И у бáбушки есть, и у дéдушки есть, и у мáмы есть, и у пáпы есть, и у дóчки есть, и у внýчки есть, и у собáчки есть, и у лошáдки есть, чтóбы егó узнáть, нáдо вслух назвáть. Что э́то?

* Без языкá живёт,
не ест и не пьёт,
а говори́т и поёт. Что э́то?

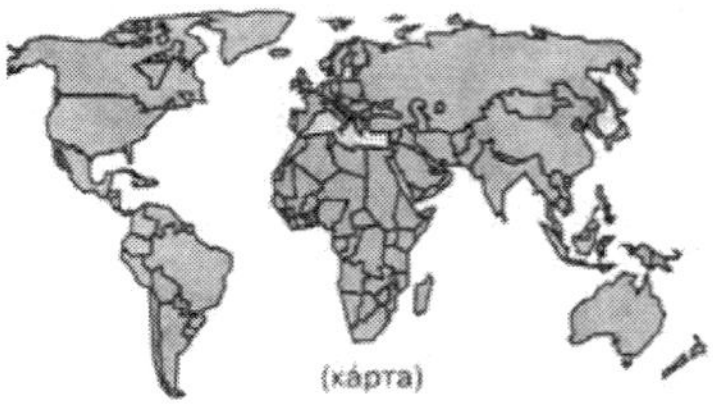

(кáрта)

* Моря́ есть - плáвать нельзя́.
Дорóги есть - éхать нельзя́
Земля́ есть - ходи́ть нельзя́
Что э́то?

제 2 식 동사활용

говори́ть (동사원형) '말하다'		
	단수	복수
1인칭	(я) говорю́	(мы) говори́м
2인칭	(ты) говори́шь	(вы) говори́те
3인칭	(он,она) говори́т	(они) говоря́т

говори́ть по-ру́сски '러시아로 말하다'

- Вы говори́те по-ру́сски?

- Да, я говорю́.

누가	말하다	~언어로	어떻게
я	говорю́	по-ру́сски 러시아어로	хорошо́ 잘
ты	говори́шь	по-коре́йски 한국어로	пло́хо 서툴게
он/она́	говори́т	по-англи́йски 영어로	немно́го 조금
мы	говори́м	по-францу́зски 프랑스어로	
вы	говори́те	по-неме́цки 독일어로	
они́	говоря́т	по-кита́йски 중국어로	
		по-япо́нски 일본어로	

다음 대화를 연습하세요.

- Вы говори́те по-ру́сски?
- Говорю́, но ещё пло́хо.

- Как вы говори́те по-англи́йски?
- Хорошо́.

- Ты хорошо́ говори́шь по-ру́сски?

- Нет, ещё óчень плóхо.

- Антóн, вы хорошó говори́те по-корéйски?

- Нет, нехорошó. Я немнóго говорю́ по-корéйски.

Как по-рýсски ...? 러시아어로 어떻게 됩니까?

- Как по-рýсски «table»?

- Стол.

- Как по-рýсски «책»?

- Кни́га.

- Минсý, как по-кóрейски «семья́»?

- 가족.

- Джейн, как по-англи́йски «цветы́»?

- Flowers.

❗ знать'알다'와 говори́ть'말하다'를 비교해서 꼭 기억합시다.

знать зна́ю зна́ешь зна́ет зна́ем зна́ете зна́ют	говори́ть говорю́ говори́шь говори́т говори́м говори́те говоря́т
знать ру́сский язы́к коре́йский язы́к англи́йский язы́к	говори́ть по-ру́сски по-коре́йски по-англи́йски

⬇ 다음 대화를 연습하세요.

- Как по-францу́зски «же́нщина»?

- Я не говорю́ по-францу́зски.

- А вы зна́ете англи́йский язы́к?

- Да, хорошо́ зна́ю.

- Каки́е языки́ вы зна́ете?

- Я зна́ю англи́йский язы́к. А каки́е языки́ вы зна́ете?

- Я зна́ю япо́нский язы́к и кита́йский язы́к.

- Вы говори́те по-англи́йски?

- Нет, я не говорю́ по-англи́йски.

- Máша и Cáша говоря́т по-корéйски?

- Нет, они́ не говоря́т по-корéйски.

사과의 표현

- Извини́те.(Извини́) 미안합니다.(미안해)

- Пожáлуйста. 괜찮아요.

- Извини́те за опоздáние! 늦어서 미안합니다.

- Прости́те, ребя́та! 얘들아, 미안해!

형용사의 성과 수

형용사는 항상 수식하는 명사의 성과 수에 일치합니다. 명사의 성과 수를 어미형태에 의해 알 수 있듯이 형용사도 그 어미형태에서 성과 수를 알 수 있습니다.

남성단수	여성단수	중성단수	복수
-ый	-ая	-ое	-ые
-ий	-ая/-яя	-ее	-ие
-óй	-áя	-óе	-и́е

단어를 예로 들어 살펴봅시다.

남성단수	여성단수	중성단수	복수
интере́сный 재미있는	интере́сная	интере́сное	интере́сные
до́брый 선한	до́брая	до́брое	до́брые
но́вый 새로운	но́вая	но́вое	но́вые
ста́рый 낡은	ста́рая	ста́рое	ста́рые
чёрный 검은	чёрная	чёрное	чёрные
жёлтый 노란	жёлтая	жёлтое	жёлтые
кра́сный 빨간	кра́сная	кра́сное	кра́сные
хоро́ший 좋은	хоро́шая	хоро́шее	хоро́шие
си́ний 파란	си́няя	си́нее	си́ние
высо́кий 키 큰	высо́кая	высо́кое	высо́кие
большо́й 커다란	больша́я	большо́е	больши́е
плохо́й 나쁜	плоха́я	плохо́е	плохи́е
дорого́й 비싼	дорога́я	дорого́е	дороги́е

како́й 어떠한

남성단수	여성단수	중성단수	복수
како́й	кака́я	како́е	каки́е

다음 대화를 연습하세요.

- Ни́на, како́й э́то журна́л?

- Э́то интере́сный журна́л.

- Э́то но́вое зда́ние?

- Да, но́вое.

- Вот парк.

- О́чень краси́вый парк.

- Э́то моя́ ко́мната.

- Твоя́ ко́мната больша́я.

- Кака́я э́то газе́та?

- Э́то газе́та «Изве́стия».

텍스트를 소리내어 읽고 우리말로 옮기세요.

На́ша у́лица

Э́то на́ша у́лица. Вот дома́. Э́ти дома́ высо́кие. Вот мой дом. Мой дом большо́й.

О́коло до́ма стоя́т две маши́ны. Э́та маши́на но́вая. А э́та маши́на ста́рая.

В маши́не сиди́т ко́шка. Э́та ко́шка чёрная. О́коло маши́ны стои́т соба́ка. Э́та соба́ка до́брая.

Вот магази́н. В магази́не я́блоки и гру́ши. Вот я́блоки. Э́то я́блоко кра́сное. Вот гру́ша. Э́та гру́ша жёлтая. Э́ти гру́ши дороги́е.

упражнения

1. 다음 빈 곳에 적당한 말을 넣으세요.

1) ______________ э́то газе́та? - Э́то газе́та «Пра́вда».

2) Э́то________________ журна́л? - Да, о́чень.

3) ______________э́то зда́ние? - Но́вое.

4) ______________ э́то общежи́тие? - На́ше.

5) ______________ э́то пальто? - Э́то его́ пальто́.

6) Твоя́ ко́мната больша́я? - Нет, __________________.

7) Ива́н хоро́ший студе́нт и Ни́на то́же __________________.

2. 다음 물음에 적당한 답을 하세요.

1) Как вы говори́те по-ру́сски?

____.

2) Каки́е языки́ вы зна́ете?

____.

3) Како́й э́то парк?

____.

4) Ва́ши друзья́ говоря́т по-ара́бски?

____.

5) Как по-англи́йски «газéта»?

____.

3. 다음 대화를 소리내어 읽고 우리말로 옮기세요.

Борис : Суми́, у меня́ есть нóвый журнáл.

Суми : Интерéсный?

Борис : Да, óчень. В журнáле тóже краси́вые фотогрáфии. Вот э́то мой роднóй гóрод.

Суми : Прáвда? Какóй э́то гóрод? Большóй?

Борис : Нет, не большóй. Но óчень краси́вый.

★ 단어외우기

без ~없이
большой 커다란
вот 바로
вслух 소리내어
высóкий 키가 큰, 높은
дорóга 길
дорогóй 비싼
éхать (타고)가다
здáние 건물
земля́ 땅, 육지
жéнщина 여성
жёлтый 노란
ещё 아직
интерéсный 재미있는
какóй 어떤
китáйский 중국의
корéйский 한국의
кóшка 고양이
краси́вый 아름다운
крáсный 빨간
лóшадь(лошáдка) 말(망아지)
мóре 바다
нáдо ~할 필요가 있다
назвáть 부르다
нельзя́ 안된다, 불가능하다
немéцкий 독일의
немнóго 조금
нóвый 새로운
óколо 근처에
плáвать 헤엄치다
плóхо 서투르게
плохóй 나쁜
прáвда 정말, 진리, 진실
по-англи́йски 영어로
по-корéйски 한국어로
по-рýсски 러시아어로
опоздáние 지각
по-францýзски 프랑스어로
рýсский 러시아의
си́ний 푸른
собáка(собáчка) 개(강아지)
стáрый 낡은
фотогрáфия 사진
францýзский 프랑스의
ужé 이미
узнáть 알다
ходи́ть 가다
хорóший 좋은
цветы́ 꽃
чёрный 검은
чтóбы~하기 위해서
язы́к 언어
япóнский 일본의
говори́ть 말하다:
говорю́, говори́шь, говори́т,
говори́м, говори́те, говоря́т

смотре́ть 보다:

смотрю́, смо́тришь, смо́трит,

смо́трим, смо́трите, смо́трят

си́деть 앉아 있다:

сижу́, сиди́шь, сиди́т, сиди́м,

сиди́те, сидя́т

стоя́ть 서다, 서 있다:

стою́, стои́шь, стои́т, стои́м,

стои́те, стоя́т

♪ 러시아 노래를 배워 봅시다.

Кали́нка

Кали́нка, кали́нка, кали́нка моя́!

В саду́ я́года, мали́нка, мали́нка, моя́!

Ах! Под сосно́ю, под зелёною,

Спать положи́те вы меня́.

Ай, лю́ли, лю́ли, ай, лю́ли,

Спать положи́те вы меня́.

깔린까

깔린까, 깔린까, 나의 깔린까

정원에는 들딸기, 산딸기, 나의 산딸기

아! 소나무 밑에, 소나무 밑에

잠들도록 나를 눕혀주오

아, 좋구나, 좋구나, 아, 좋구나

잠들도록 나를 눕혀주오

이 노래 <깔린까>는 러시아 민요입니다. 우리나라에서는 테트리스 게임의 배경음악으로 사용되어 여러분들의 귀에 낯익을 것입니

다. 러시아에서는 결혼 피로연에서 즐겨부르는 곡입니다. 또한 노래에 맞추어 흥겹게 춤을 추기도 합니다.

문화 속 에티켓 알기

현대사회의 비교적 높은 이혼율에도 불구하고, 러시아인들의 관념 속에는 전통적인 '이상적인' 가족관이 남아 있습니다. 산업사회 이전에는 고대 농촌 사회의 전통에 따라 러시아에서도 여러 세대가 함께 사는 것이 일반적이었으며, 가부장적 사회로서 남성은 가장의 역할을 수행했고, 여성은 가사와 자녀 양육을 전담했지요. 공산주의 사회에서 여성들의 사회 참여가 높아지면서 맞벌이 부부가 일반적인 현상이 되었고, 경제적인 측면에서도 남편의 월급만으로는 만족할만한 수준의 생활을 영위할 수 없기 때문에 맞벌이 부부는 계속 늘어나게 되었습니다. 이 때문에 신흥 부자들인 '노브이 루스끼(нóвый рýсский)'들은 자신의 아내가 일하지 않는다는 점을 자랑스럽게 여기는 경향이 있지만, 다른 한 편으로는 사회적으로 자신의 능력을 실현시키고자 노력하는 여성들도 늘어나 캐리어 우먼과 여성 사업가들의 등장으로 이어지고 있습니다.

이전의 러시아에는 조혼 풍습이 있어 대학 재학 중에 결혼하고 출산하는 일이 보편적이었습니다. 대학생 부부들은 부모와 함께 살면서 경제적으로뿐만 아니라 육아에서도 많은 도움을 받았지요. 때문에 러시아에서는 40대의 젊은 할아버지, 할머니가 놀라운 일이 아니며, 서구와 달리 성인이 된 자식들을 경제적으로 돕고, 간섭하는 일도 쉽게 목격할 수 있습니다. 하지만 최근 자본주의의 도입과 함께 결

혼 전에 경제적으로 독립하려는 젊은이들이 늘어나고 있는 추세이며, 이로 인해 결혼 연령도 높아지고 있는 추세입니다.

러시아인들은 통상 가족사진이나 자녀 사진을 지갑 속에 넣어 갖고 다니며 가족에 대한 이야기를 할 때면 매우 진지하고 열심히 대화합니다. 심지어 두터운 친분 관계가 아닌 사람이나 직장 동료들과도 자기 가정 문제를 솔직하게 털어놓지요. 그러나 러시아인들을 만났을 때 본인이 말하기 전에 먼저 "당신은 결혼했습니까?", "당신은 자녀가 있습니까?"와 같은 식의 질문을 하지 않는 것이 예의입니다. 가족 관계에 관한 이야기는 당사자가 먼저 이야기를 꺼내는 것이 일반적입니다.

제 5 과 (урок 5)

➡ 자음 [й]의 발음을 알아봅시다.

모음 [и]의 발음과 유사한 이 자음은 혀의 뒤쪽을 입천장으로 올려서 발음합니다. 모음 [и]에 비해 '이'를 짧게 발음해야 하지요. '나의'라는 뜻을 갖는 소유대명사 мой [мо + й] 에서처럼 주로 모음 다음에 위치하는 것이 특징적입니다. й는 자음으로서 모음처럼 별도의 한 음절을 구성할 수 없습니다. 따라서 소유대명사 мой의 복수 형태인 мои́ [мо + и́] 가 2음절 단어인데 비해 мой는 1음절 단어입니다. (음절수는 모음의 수와 같다는 것은 이미 알고 있겠지요?)

➡ 자음 й 소리를 익히세요.

ой - ай - уй - ей - ий

лей - пой - лай - чай - май - пей - рай - дай

мой - крой - змей - строй - скаме́й - лине́й - како́й

тро́йка - кача́й - ча́йки - кита́й - та́йна - нале́й - ле́йка

чей мой твой дай пей домо́й новый

како́й большо́й ма́ленький интере́сный ста́рый

краси́вый хоро́ший плохо́й здра́вствуй

я [йа]

моя́ фами́лия твоя́ фотогра́фия семья́ друзья́ братья́

е [йэ]

зда́ние мо́ре общежи́тие по́ле упражне́ние

ё [йо]

моё твоё её самолёт мёд тётя ребёнок

ю [йу]

ключ блюз салю́т валю́та плюс костю́м

зна́ю ду́маю говорю́ чита́ю смотрю́

➔⬇ 시를 낭송하며 정확한 소리를 익힙시다.

Я́калка

На́ша у́тка кря́калка,

А Серёжа я́калка,

«Я суме́ю, я смогу́,

Я быстре́е пробегу́!»

Отдохни́ немно́жко,

Я́калка Серёжка.

Ю́лка

Ю́лка-Ю́ленька-юла́,

Ю́лка ю́ркая была́.

Усиде́ть на ме́сте Ю́ля

Ни мину́ты не могла́.

속담(посло́вица)

* Не име́й сто рубле́й, а име́й сто друзе́й.

(→ 백 루블보다 백 명의 친구를 가져라.)

* Куй желе́зо, пока́ горячо́.

(→ 쇠는 달구어졌을 때 두드려라.)

* Зна́ние - си́ла.

(→ 아는 것이 힘이다.)

* Здоро́вье - пе́рвое бога́тство.

(→ 건강이 최고의 부이다.)

* Повторе́нье - мать уче́нья.

(→ 반복은 배움의 어머니이다.)

수수께끼(зага́дка) 놀이

* Не се́ют, не сажа́ют, са́ми выраста́ют.

Что э́то?

* Ле́том выраста́ют, о́сенью опада́ют.

Что э́то?

* Что ви́дно то́лько но́чью?

Что э́то?

억양구조 4(ИК-4)

ИК-4 는 화제를 바꿀 때 사용하는 접속어 А(а) '그런데'로 시작되는 의문문에서 가장 일반적으로 사용되고 그 외에 설교나 주요 연설, 항변, 긴장, 놀라움, 외침 등을 나타낼 때 사용됩니다. 통상 러시아어 억양구조들이 문장의 마지막 부분에서 하강조인데 비해 **ИК-4** 는 상승조로 끝납니다.

2 2
- Антон, что ты де́лаешь? 안똔, 너 뭐하고 있니?

1
- (Я) Рабо́таю. (나) 일하고 있어.

4
- А Ви́ктор? 그럼 빅또르는?

1
- (Он) Отдыха́ет. (그는) 쉬고 있어.

2
- Бори́с, куда́ вы идёте? 보리스씨, 어디 가십니까?

1 4
- Я иду́ в шко́лу. А вы? 학교 가는 중입니다. 그런데 당신은요?

1
- Я то́же (иду́ туда́). 저 역시(그리 가고 있습니다.)

➔ 동사활용 : 다음 동사활용을 잘 익혀두세요.

идти́ (동사원형) '가다'		
	단수	복수
1인칭	(я) иду́	(мы) идём
2인칭	(ты) идёшь	(вы) идёте
3인칭	(он,она́) идёт	(они) иду́т

петь (동사원형) '노래하다'		
	단수	복수
1인칭	(я) пою́	(мы) поём
2인칭	(ты) поёшь	(вы) поёте
3인칭	(он,она́) поёт	(они́) пою́т

смотреть (동사원형) ‘보다’		
	단수	복수
1인칭	(я) смотрю́	(мы) смóтрим
2인칭	(ты) смóтришь	(вы) смóтрите
3인칭	(он,онá) смóтрит	(они́) смóтрят

Куда вы ид<u>ёте</u>? 당신은 어디로 가십니까?

Я ид<u>у</u> в университéт. 나는 대학교에 갑니다.

Они ид<u>ут</u> в общежи́тие. 그들은 기숙사에 갑니다.

Мы ид<u>ём</u> вмéсте. 우리는 함께 걷습니다.

Кто по<u>ёт</u>? 누가 노래하고 있습니까?

Я по<u>ю</u>. 내가 노래하고 있습니다.

Ты по<u>ёшь</u>. 네가 노래하고 있다.

Он(Онá) по<u>ёт</u>. 그가(그녀가) 노래하고 있습니다.

Мы по<u>ём</u>. 우리가 노래하고 있습니다.

Вы по<u>ёте</u>. 당신이 노래하고 있습니다.

Они́ по<u>ю́т</u>. 그들이 노래하고 있습니다.

Никтó не по<u>ёт.</u> 아무도 노래하지 않습니다.

Кто смóтрит? 누가 보고 있습니까?

Я смотрю́. 내가 보고 있습니다.

Ты смóтришь. 네가 보고 있다.

Он(Онá) смóтрит. 그가(그녀가) 보고 있습니다.

Мы смóтрим. 우리가 보고 있습니다.

Вы смóтрите. 당신이 보고 있습니다.

Они́ смóтрят. 그들이 보고 있습니다.

Никтó не смóтрит. 아무도 보지 않습니다.

➔ 동작의 대상이나 객체(목적어)를 표현하는 방법: 명사의 대격 (목적격) 형태

- Что вы читáете? 당신은 무엇을 읽고 계십니까?

- Журнáл «Нóвый мир». 잡지 <신세계>를.

(Я читáю журнáл «Нóвый мир».) (나는 잡지 <신세계>를 읽고 있습니다.)

- Что Антóн читáет? 안똔은 무엇을 읽고 있습니까?

- Он читáет журнáл(газéту, статью́, письмó). 그는 잡지를(신문을, 신문기사를, 편지를) 읽고 있습니다.

➔ 대격 형태를 만들기 위해서는 남성명사와 중성명사의 경우 주격형태와 동일하나, 여성명사에서는 단수 주격 어미(-а, -я)를 대격 어미(-у, -ю)로 바꾸어야 합니다.

	주격	대격
남성	журна́л музе́й слова́рь	журна́л музе́й словарь
여성	маши́на пе́сня ночь	маши́ну пе́сню ночь
중성	письмо́ общежи́тие	письмо́ общежи́тие

➔ 불활동체 남성, 여성명사 복수 주격 형태(-ы)와 대격 형태(-ы)는 동일하고(журна́лы - журна́лы, газе́ты - газе́ты), 불활동체 중성명사 복수 주격 형태(-а)와 대격 형태(-а)는 동일합니다(пи́сьма - пи́сьма).

- Что Анто́н и А́нна чита́ют? 안똔과 안나는 무엇을 읽고 있습니까?

- Они́ чита́ют журна́лы. 그들은 잡지들을 읽고 있습니다.

- Они́ чита́ют газе́ты. 그들은 신문들을 읽고 있습니다.

- Они́ чита́ют пи́сьма. 그들은 편지들을 읽고 있습니다.

다음 대화를 연습하세요.

- Что ты де́лаешь?

- Смотрю́ телеви́зор.

- А что ты смо́тришь?

- Фильм.

- Вы смо́трите спорти́вные телепереда́чи?

- Да, смотрю́.

- Вы слу́шаете ру́сские пе́сни?

- Да, слу́шаю, но не всё понимаю́.

- Ви́ктор, ты чита́ешь ру́сские газе́ты и журна́лы?

- Чита́ю, но я ещё не всё понима́ю.

- Ты смо́тришь ру́сские фи́льмы?

- Смотрю́.

- И всё понима́ешь?

- Коне́чно, не всё.

➔ 명령형의 사용

화자의 요청, 요구, 바람, 명령 등에 사용되는 동사의 명령형은, 2인칭 단수(ты)와 복수(вы)에 대한 명령의 두 가지 형태가 있습니다.

2인칭 단수 명령형은 동사의 현재어간 (3인칭 복수 현재형에서 어미 -ут, -ют, -ат, -ят를 떼어버림)에 모음 뒤에서는 -й를 붙이고, 자음 뒤에서는 -и를 붙여서 만듭니다. 예를 들어, чита́й '읽어라'라는 명령형은 현재어간(чита́ют에서 ют를 떼어냄) чита에 й를 붙이면 чита́й가 만들어집니다. 같은 방법으로 иди́ '걸어가라'라는 명령형도 현재어간(иду́т에서 어미 ут를 떼어냄) ид에 и를 붙이면 иди́가 됩니다.

2인칭 복수 명령형은 단수 명령형에 -те를 붙여서 만듭니다. 즉 2인칭 단수형 명령법 чита́й(읽어라)에 -те를 붙이면, чита́йте(읽으세요)라는 2인칭 복수 명령형이 만들어지고, 2인칭 단수 명령형 иди́(가라)에 -те를 붙이면, иди́те(가세요)라는 2인칭 복수 명령형이 만들어집니다.

Иди́ пря́мо! 똑바로 (걸어)가라!

Иди́те пря́мо! 똑바로 (걸어)가세요!

Сади́сь, пожа́луйста! 앉으렴!

Сади́тесь, пожа́луйста! 앉으세요!

Входи́, пожа́луйста! (안으로) 들어와!

Входи́те, пожа́луйста! (안으로) 들어오세요!

Скажи́, пожа́луйста, ... 말 좀 물을까, ...

Скажи́те, пожа́луйста, ... 말씀 좀 묻겠습니다만, ...

Подожди́! 기다려!

Подожди́те, пожа́луйста! 기다리세요!

Звони́! 전화해(라)!

Звони́те, пожа́луйста! 전화해 주십시오!

3인칭 단수, 복수 명령형 :

3인칭 명령형은 주어가 3인칭 단수(он, она́)나 복수(они́)인 문장에 пусть를 붙여서 만듭니다.

Пусть он чита́ет! 그가(그로 하여금) 읽도록 해라!

Пусть они́ чита́ют! 그들이 읽도록 하시오!

청유형 :

화자의 권유, 요청 등을 나타내는 동사의 청유형은 동사의 1 인칭 복수형을 사용합니다.

Идём домо́й! 집에 (걸어)가자! (갑시다!)

Дава́й 나 Дава́йте 를 붙여서 청유형 문장을 만들 수도 있습니다. Дава́йте 를 쓰면 더 공손한 표현이 됩니다.

Прочита́ем кни́гу! 책을 (끝까지) 읽자!

Дава́й прочита́ем кни́гу! 책을 (끝까지) 읽자!

Дава́йте прочита́ем кни́гу! 책을 (끝까지) 읽읍시다!

Дава́йте познако́мимся! 알고 지냅시다! (서로 자기소개(통성명) 할까요!)

Дава́йте пое́дем вме́сте! 함께 타고 가실까요!

다음 대화를 연습하세요.

- Э́то твой журна́л?

- Да, мой.

- Интере́сный?

- О́чень интере́сный.

- Пока́жи, пожа́луйста.

- Пожа́луйста.

- Да́йте, пожа́луйста, газе́ту.

- Это не газе́та, а журна́л.

- Како́й э́то журна́л?

- «Но́вый мир».

- Покажи́те, пожа́луйста!

- Пожа́луйста.

전화 대화

- Слу́шаю.

- Ви́ктор, здра́вствуй. Э́то Ната́ша говори́т.

- Здра́вствуй, Ната́ша.

- Ви́ктор, что ты сейча́с де́лаешь?

- Чита́ю.

- А я смотрю́ телеви́зор. Сейча́с о́чень интере́сная переда́ча.

- Кака́я?

- «Что? Где? Когда́?»

동사 люби́ть '좋아하다'

люби́ть (동사원형) '사랑하다'		
	단수	복수
1인칭	(я) люблю́	(мы) лю́бим
2인칭	(ты) лю́бишь	(вы) лю́бите
3인칭	(он,она́)лю́бит	(они́) лю́бят

▶ люби́ть +목적어(대상) : ~을 좋아하다, ~을 사랑하다

Я люблю́ спорт. 나는 스포츠를 좋아한다.

Ты лю́бишь му́зыку. 너는 음악을 좋아한다.

Он(Она́) лю́бит моро́женое. 그는(그녀는) 아이스크림을 좋아한다.

Мы лю́бим ко́фе. 우리는 커피를 좋아한다.

Вы лю́бите футбо́л. 당신은 축구를 좋아한다.

Они лю́бят фру́кты. 그들은 과일을 좋아한다.

Я ничего́ не люблю́. 나는 아무 것도 좋아하지 않는다.

▶ люби́ть +동사 : ~ 하기를 좋아하다

Вы лю́бите читать? 당신은 읽기(독서)를 좋아합니까?

Коне́чно, люблю́. 물론, 좋아합니다.

Он(Она) лю́бит чита́ть. 그는(그녀는) 읽기를 좋아한다.

Ви́ктор лю́бит слу́шать му́зыку. 빅또르는 음악 듣기(감상)를 좋아한다.

Ма́ша лю́бит смотре́ть телеви́зор. 마샤는 텔레비전 보는 것을 좋아한다.

다음 대화를 연습하세요.

- И́ра, ты зна́ешь, О́ля лю́бит бале́т?

- Да, она о́чень лю́бит бале́т.

- А ты?

- Я то́же.

- Вы лю́бите ры́бный суп?

- Я не о́чень. Я люблю́ щи. А вы?

- Я о́чень люблю́ ры́бный суп.

- Вы лю́бите му́зыку?

- О́чень люблю́. А вы?

- Я то́же люблю́.

- Ви́ктор, ты лю́бишь исто́рию?

- О́чень. Я ду́маю, что это са́мая интере́сная нау́ка.

- Ма́ша, что ты лю́бишь де́лать в свобо́дное вре́мя?

- Чита́ть. А ты?

- А я люблю́ смотре́ть телеви́зор.

원인, 이유를 나타내는 표현(почему́, потому́ что)

Почему́ вы смо́трите фи́льмы? 왜 당신은 영화를 보십니까?

Я всегда́ смотрю́ футбо́л, потому́ что я о́чень люблю́ спорт.

나는 스포츠를 매우 좋아하기 때문에 항상 축구를 봅니다.

Ма́рта ча́сто смо́трит фи́льмы, потому́ что она́ лю́бит кино́.

마르따는 영화를 좋아하기 때문에 자주 영화를 봅니다.

Я люблю́ спорт, по́этому я всегда́ смотрю́ футбо́л.

나는 스포츠를 좋아해서 항상 축구를 봅니다.

다음 대화를 연습하세요.

- Почему́ ты не слу́шаешь ра́дио?

- Потому́ что я ещё пло́хо понима́ю по-ру́сски.

- В свобо́дное вре́мя я всегда́ смотрю́ футбо́л.

- Почему́?

- Потому́ что я о́чень люблю́ спорт.

- Ма́ша, возьми́ с собо́й зо́нтик.

- Почему́?

- Потому́ что сейча́с идёт дождь.

упражнения

1. 동사의 어미를 괄호 안에 올바르게 써넣으세요.

1) - Когда́ вы за́втрака(　　　　)?

- Я за́втрака(　　　　) в 9 часо́в.

2) - Они́ не зна́(　　　　)?

- Нет, они́ не зна́(　　　　).

3) - Он понима́(　　　　) по-ру́сски?

- Да, он по-ру́сски понима́(　　　　).

2. 괄호 안에 들어 있는 명사의 주격을 대격으로 고쳐서 괄호 안에 써넣으세요.

1) Пе́тя зна́ет (　　　). (Ма́ша)

2) Я читаю́ (　　　). (тетра́дь)

3) Вы пи́шете (　　　). (статья́)

4) Де́ти слу́шают (　　　). (му́зыка)

5) Я пишу́ (　　　). (письмо́)

6) Да́йте, пожа́луйста, (　　　). (газе́та)

7) Па́па слу́шает (　　　). (джаз)

8) Подпи́шите (　　　), пожа́луйста. (че́ки)

9) Ба́бушка слу́шает (　　　). (ра́дио)

10) Поменя́йте, пожа́луйста, ( ). (валю́та)

3. 괄호 안에 동사 현재시제 어미의 형태를 올바르게 써넣으시오.

1) Они всегда́ опа́здыва( ).

2) Ма́ма сего́дня отдыха́( ).

3) Где она́ рабо́та( )?

4) Она ничего́ не зна́( ).

5) Вы ра́но у́жина( )?

6) Вы гуля́( )?

7) Она́ чита́( ) журна́л.

8) Мы гуля́( ).

9) Де́ти спуша( ) му́звку.

10) Где вы жив( )?

★ 단어외우기

ба́бушка 할머니
бале́т 발레
блюз 블루스
бу́дущее 미래
бога́тство 부, 재산
быстре́е 더 빨리
ви́дно 보인다
ве́рить 믿다
весе́лье 기쁨
вме́сте 함께
взять 잡다, 쥐다, 집다
взять с собо́й 가지고 가다(오다)
во́семь 8
всегда́ 항상
входи́ть 들어가다
выраста́ть 자라다
газе́та 신문
горячо́ 뜨겁게, 뜨겁다
джаз 재즈
домо́й 집으로
е́сли 만약
желе́зо 철, 쇠
за́втракать 아침을 먹다
зага́дка 수수께끼
здоро́вье 건강
звони́ть 전화하다
зна́ние 지식
име́ть 가지다
исто́рия 역사
Кита́й 중국
ключ 열쇠
коне́чно 물론
конце́рт 연주회
костю́м 정장. 양복 한 벌, 양장 한 벌
краси́вый 아름다운
ле́йка 조로
ле́том 여름에
май 5월
ма́ленький 작은
мгнове́нно 순간적으로, 순간적이다
мир 세계, 평화
моро́женое 아이스크림
му́зыка 음악
нача́ло 시작
настоя́щее 현재
но́чью 밤에
обману́ть 속이다
опа́здывать 늦다, 지각하다
о́сенью 가을에
отдохну́ть 쉬다
пе́рвый 최초의, 제1의, 첫 번째의
петь 노래하다
печа́литься 슬퍼하다
пло́хо 나쁘게, 나쁘다
плюс 플러스, 더하기
повторе́ние 반복

поменя́ть 교환하다, 바꾸다
подожда́ть 기다리다
подписа́ть 사인하다
по́здно 늦게, 늦다
познако́миться -와 알게 되다
пойти́ (걸어)가다
пока́ -하는 동안에(사이에)
посло́вица 속담
потому́ что – 때문에
почему́ 왜
поэ́тому 그래서, 그러므로
пройти́ 지나가다, 통과하다
прочита́ть 다 읽다, 통독하다
пря́мо 똑바로
пусть 하게 하라
ребёнок 유아, 갓난아기, 어린 아이
ры́бный 물고기의, 생선의
сади́ться 앉다
сажа́ть 심다
салю́т 예포
са́мый 가장 (형용사 최상급을 만듦)
свобо́дный 자유로운
семь 7
серди́ться 화내다, 노하다
се́ять (씨를) 뿌리다
скри́пка 바이올린
смири́ться 참고 견디다
спорти́вный 스포츠의, 운동의
статья́ 논문, (신문) 기사
смочь 할 수 있다
суме́ть -할 능력이 있다
суп 국
та́йна 비밀
так 그렇게, 이렇게
то́лько 오직, 오로지, -뿐
тро́йка 삼두마차
туда́ 저리로
у́жинать 저녁을 먹다
уны́ние 절망
упражне́ние 연습, 연습 문제
у́тка 오리
уче́ние 학습
фру́кты 과일
футбо́л 축구
ча́йка 갈매기
час 시, 시간
ча́сто 자주
чек 수표
жить 살다, живу́, живёшь,
живёт, живём, живёте, живу́т

러시아 시를 배워 낭송해 봅시다.

Éсли жизнь тебя́ обма́нет...

А. С. Пу́шкин

Éсли жизнь тебя́ обма́нет,

Не печа́лься, не серди́сь!

В день уны́ния смири́сь:

День весе́лья, верь, наста́нет.

Се́рдце в бу́дущем живёт;

Настоя́щее уны́ло:

Всё мгнове́нно, всё пройдёт;

Что пройдёт, то бу́дет ми́ло.

삶이 그대를 속일지라도...

A. S. 뿌쉬낀

삶이 그대를 속일지라도,

슬퍼하거나, 노하지 말라!

절망의 날을 참고 견디면,

기쁨의 날이 다가옴을 믿으라.

가슴은 미래에 살고,

현재는 슬프도다.

모든 것은 순간적으로 지나가리라.

지나갈 것은 사랑스러우리라.

러시아 최고의 낭만주의 시인이자 러시아 사실주의 작가인 뿌쉬낀(1799~1837)은 모스크바 귀족가문에서 출생했습니다. 어린 시절에 그는 프랑스인 가정교사로부터 교육을 받았고, 유모 아리나 로지오노브나로부터 러시아어 읽기와 쓰기를 배우고 러시아 민담 및 민요를 들었지요. 또한 그는 유모를 통해서 러시아 민중의 삶에 대해 깊이 동정하고 이해했으며, 러시아 민간 전래문학에 대해서도 관심과 흥미를 갖게 되었습니다. 그는 12살 되던 해인 1811년 6년제 귀족자제 교육기관인 리쩨이에 입학하여 재학 중에 120여 편의 시를 썼습니다.

리쩨이를 졸업한 후 진보적 문학 서클인 '녹색 램프'에 가입해 미래의 제까브리스뜨들과 교류하면서 진보적인 시 <자유>, <차다예프에게>, <마을>을 발표하여 남 러시아로 유형을 당하기도 했습니다. 그 후 뿌쉬낀은 낭만적이고 이국적인 냄새를 풍기는 작품들 - <까프까즈의 포로>, <바흐치사라이의 분수>, <도둑 형제> 등 - 을 발표한 후 비극 <보리스 고두노프>를 완성했습니다. 또한 그는 <예브게니 오네긴>, <벨낀 이야기>, <작은 비극>, <스페이드의 여왕>, <대위의 딸>, <청동 기사> 등을 썼습니다. 그는 아내와 황제와의 염문설 및 프랑스인 청년 장교 단테스와의 염문설로 인해 괴로움과 분노를 느껴, 결국 단테스와 결투해 치명상을 입고 1837 년 1월 7일에 사망했습니다.

뿌쉬낀은 '러시아 국민 문학의 아버지, '위대한 국민 시인' 등으로 불립니다. 1812 년 나폴레옹과 싸움에서 승리해 고무된 러시아 민족의 애국주의 사상, 민족적 자각과 민족적 기운이 고조되는 역사적 시기에 창작 활동을 시작한 그는 러시아 국민 사상과 감정을 훌륭히 표현한 러시아 국민문학의 창시자입니다. 뚜르게네프가 뿌쉬낀 이후의 작가들은 그가 개척한 길을 따라갈 수밖에 없었다고 말한 것처럼 그의 문학적 영향력은 지대합니다.

문화 속 에티켓 알기

호박 목걸이, 이꼬나(이콘), 보드까, 각종 민속 공예품 등 러시아를 다녀오는 사람들이 러시아에서 사오는 것은 참으로 다양합니다. 그 중에서 가장 우리에게 잘 알려져 있고 낯익은 것이 바로 러시아의 전통 목각인형인 마뜨료슈까(матрёшка) 아닐까요? 마뜨료슈까라는 이름은 라틴어 mater(어머니)에서 기원되었습니다. 마뜨료슈까는 자작나무 등을 재료로 하여 똑같은 모습의 인형을 점점 작게 만들어

안으로 집어넣어 마치 양파껍질을 벗긴 것과 같이 여러 겹의 인형으로 이루어져 있는데 보통 5개부터 15개까지 들어있습니다. 많은 경우에는 25개가 들어있는 것도 있지요. 마뜨료슈까는 통상 머릿수건을 쓴 시골 아낙의 모습을 한 것이 가장 대표적인데 가장 바깥의 인형이 어머니를 상징하는 것이며 안에 들어있는 인형들은 다음 세대들입니다. 그리고 그것은 다산을 의미하며 농경사회에서 다산은 곧 풍요를 뜻합니다. 오늘날에는 마뜨료슈까의 모델도 다양해졌고 또 반드시 똑같은 모양의 인형들이 들어있는 것이 아니라, 역사적 인물들이나 민화의 이야기 순서대로 그려진 것들도 있습니다. 또한 정치가들을 풍자하여 그린 인형도 나타났는데, 예를 들어, 가장 바깥의 인형이 뿌찐 모습을 하고 있고, 그 안에 옐친, 고르바쵸프, 후루시쵸프, 브레즈네프, 스딸린, 레닌 등의 모습을 한 인형들이 들어있습니다.

마뜨료슈까가 러시아에 나타나 확산된 것은 19세기인데, 세르게이 삼위일체 수도원이 들어서서 종교와 관련된 목공예품들이 만들어져, 점차 민중들에게 알려지면서 민예품인 마뜨료슈까도 만들어졌습니다. 모스크바에서 좀 떨어진 자고르스끄라는 곳에 위치한 세르게이 빠사드 공방에서 만들어진 독특하고 아름다운 색채의 전통적인 의상을 입고 있는 러시아 아낙네 형상의 마뜨료슈까는 곧 러시아 목공예품의 대명사가 되면서 세계적으로 유명해졌습니다.

제 6 과 (урок 6)

경자음-연자음 쌍들을 반복해서 발음해보세요.

на – ня	на́на – ня́ня	она́ – меня́
ма – мя	ма́ма – мя́мя	ма́рка – вре́мя
ла – ля	ла́ла – ля́ля	ла́мпа – гуля́ю
да – дя	да́да – дя́дя	да́ма – дя́тел
лу – лю	лу́лу – лю́лю	клуб – лю́ди
ру – рю	руру – рюрю	друг – говорю́
ты – ти	тыты – тити	ты́ква – арти́ст
ды – ди	дыды – диди	заво́ды – пло́щади
сы – си	сысы – сиси	сын – спаси́бо
зы – зи	зызы – зизи	язы́к – магази́н
ры – ри	рыры – рири	откры́тка – словари́
тэ – те	тэтэ – тете	бу́ква <тэ> – библиоте́ка
дэ – де	дэдэ – деде	бу́ква <дэ> – студе́нт
зэ – зе	зэзэ – зезе	бу́ква <зэ> – газе́та
ат – ать	брат – мать	
ал – аль	зал – преподава́тель	
ар – арь	Арба́т – слова́рь	

➔ 자음 в의 발음을 익힙시다.

러시아어 자음 [в]는 음성학적으로 특별한 성질이 있습니다. 뒤에 오는 다른 자음의 특성에 따라 두 가지로 소리가 납니다. 즉 자음 [в] 다음에 유성 자음 [б], [в], [г], [д], [з], [ж], [м], [н], [р] 가 오면 [в]로 소리 나지만, 무성 자음 [п], [ф], [к], [т], [с], [ш], [х]가 오면 대응하는 무성자음 [ф]로 소리가 바뀌어 발음됩니다. 이러한 성질은 한 단어 내에서뿐 아니라 단어와 단어 사이에서도 마찬가지로 나타납니다. 예를 들어, "Я иду́ в шко́лу."라는 문장에서 전치사 в는 그 뒤에 오는 шко́лу와 결합하여 한 단어처럼 소리나는데 [в]가 [ш]의 영향을 받아 [ф]로 소리나 결국 [фшколу]로 발음됩니다.

в + 유성 자음 : в → [в]
в + 무성 자음 : в → [ф]

➔ 전치사 в다음에 유성 자음이 오는 경우와 무성 자음이 오는 경우를 단어를 통해 알아봅시다.

유성 자음이 오는 경우	무성 자음이 오는 경우
журна́л - в[в] журна́ле газе́та - в[в] газе́те	стол - в[ф] столе́ кни́га - в[ф] кни́ге

건물, 물건, 사람 등의 위치 묻기

- Скажи́те, пожа́луйста, где (нахо́дится) магази́н <Спорт>? 말씀 좀 묻겠습니다만, <스뽀르뜨> 상점이 어디에 있습니까?

- Вот он. (그것이) 바로 저기에 있습니다.

- Где (нахо́дится) магази́н? 상점이 어디에(위치해) 있습니까?

- Вот он. 저기에 있습니다.

- Где (нахо́дится) по́чта? 우체국이 어디에(위치해) 있습니까?

- Вот она́. 저기에 있습니다.

- Где метро́? 지하철이 어디에 있습니까?

- Вот оно́. 저기에 있습니다.

- Где Большо́й теа́тр? 볼쇼이 극장이 어디에 있습니까?

- Здесь. 여기에 있습니다.

- Где гости́ница <Росси́я>? <러시아>호텔이 어디에 있습니까?

- Сле́ва. 왼쪽에 있습니다.

- Скажи́те, пожа́луйста, где Большо́й теа́тр? 말씀 좀 묻겠습니다만, 볼쇼이 극장이 어디에 있습니까?

- Вот он. (그것이) 바로 저기에 있습니다.

- Скажи́те, пожа́луйста, где коре́йское посо́льство?

말씀 좀 묻겠습니다만, 한국대사관이 어디에 있습니까?

- Вот (оно) здесь. Спра́ва. 바로 여기, 오른쪽에 있습니다.

- Вы не зна́ете, где здесь по́чта? 우체국이 어디에 (위치해) 있어요?

- Извини́те, я не зна́ю. 미안하지만, 모르겠습니다.

- Вы не зна́ете, где здесь зоопа́рк? 동물원이 어디에(위치해) 있나요?

- Извини́те, я не зна́ю. Я иностра́нец. 미안하지만, 모르겠습니다. 저는 외국인입니다.

- Скажи́те, пожа́луйста, где ГУМ? 말씀 좀 묻겠습니다만, 굼(국영 백화점)이 어디에 있습니까?

- Извини́те, я не понима́ю. Я иностра́нка. 미안하지만, 이해하지 못하겠습니다. 전 외국인이거든요

- Вы зна́ете, где Ви́ктор? 빅또르가 어디 있는지 아세요?

- В университéте. (Он в университéте.) 대학교에 있어요. (그는 대학교에 있어요.)

- Вы знáете, где Áнна? 안나가 어디 있는지 아세요?

- В теáтре. (Она в теáтре.) 극장에 있어요. (그녀는 극장에 있어요.)

장소나 위치의 전치격

위치 묻기에서 명사를 이용하여 답을 할 경우에는 "В теáтре. 극장에 있습니다"처럼 в와 на 다음에 명사의 전치격을 사용합니다. 명사의 전치격 형태는 명사 어간에 어미 -е를 붙여 만듭니다.

в + 명사 전치격

музéй 박물관	в музéе 박물관에(서)
гости́ница 호텔	в гости́нице 호텔에(서)
посóльство 대사관	в посóльстве 대사관에(서)
шкóла 학교	в шкóле 학교에(서)
гóрод 도시	в гóроде 도시에(서)
парк 공원	в пáрке 공원에(서)
библиотéка 도서관	в библиотéке 도서관에(서)
клуб 클럽	в клýбе 클럽에(서)
институ́т 연구소(또는 단과대학)	в институ́те 연구소에(서)

университе́т (종합)대학교	в университе́те 대학교에(서)
стол 테이블	в столе́ 테이블 속에
кни́га 책	в кни́ге 책 속에
письмо́ 편지	в письме́ 편지 속에
ко́мната 방	в ко́мнате 방안에
бума́жник 지갑	в бума́жнике 지갑 안에

на + 명사 전치격 : ~에, ~위에

заво́д 공장	на заво́де 공장에(서)
по́чта 우체국	на по́чте 우체국에(서)
стадио́н 경기장	на стадио́не 경기장에(서)
рабо́та 직장	на рабо́те 직장에(서)
стол 테이블	на столе́ 테이블 위에
кни́га 책	на кни́ге 책 위에
письмо́ 편지	на письме́ 편지 위에
Кра́сная пло́щадь 붉은 광장	на Кра́сной пло́щади 붉은 광장 위에

다음 대화들을 소리내어 익혀봅시다.

- Скажи́те, пожа́луйста, метро́ далеко́ отсю́да?

- Нет, метро́ о́чень бли́зко.

- Вон апте́ка, а напро́тив - метро́.

- Где твои́ де́ньги?

- В бума́жнике.(В ко́мнате на столе́.)

- Ми́ша, где твои́ часы́?

- На ку́хне.

- Вы не зна́ете, где ГУМ?

- На Кра́сной пло́щади.

- Петя́, ты не зна́ешь, где Са́ша?

- Он в шко́ле.

- Прости́те, как попа́сть на у́лицу Че́хова?

- Э́то здесь ря́дом. Пять мину́т пешко́м.

- Извини́те, как попа́сть на у́лицу Ге́рцена?

- Э́то бли́зко. Мину́т де́сять пешко́м.

- Где твои де́ньги?

- В бума́жнике.(В ко́мнате на столе́.)

- Где он?

- В ко́мнате спра́ва.

- Та́ня на по́чте?

- Нет, она́ в ба́нке.

- Где Ма́ша, в кино́?

- Нет, она́ в музе́е.

- Ви́ктор, ты не зна́ешь, где мои тетра́ди.

- В столе́.

- А учё́бник?

- То́же в столе́.

- Спаси́бо.

- А́нна, скажи́, пожа́луйста, где мой биле́т в теа́тр?

- Вот он, на столе́.

- Где сейча́с ва́ши друзья́?

- Они́ в библиоте́ке или в клу́бе.

동사 жить(살다)와 писа́ть(쓰다)

жить (동사원형) '살다'		
	단수	복수
1인칭	(я) живу́	(мы) живём
2인칭	(ты) живёшь	(вы) живёте
3인칭	(он,она́) живёт	(они) живу́т

писа́ть (동사원형) '쓰다'		
	단수	복수
1인칭	(я) пишу́	(мы) пи́шем
2인칭	(ты) пи́шешь	(вы) пи́шете
3인칭	(он,она́) пи́шет	(они́) пи́шут

- Где ты живёшь? 너 어디에 살고 있니?

- Я живу́ в Коре́е. 나 한국에 살아.

- Где вы живёте? 당신은 어디에 살고 계십니까?

- Я живу́ в Росси́и. 저는 러시아에 살고 있습니다.

- Где он живёт? 그 사람 어디 살아요?

- Он живёт в Москве́. 모스크바에 삽니다.

- Где они живу́т? 그분들 어디 사시죠?

- Они́ живу́т в США. 미국에 사십니다.

- Что ты пи́шешь? 너 무엇을 쓰고 있니?

- Я пишу́ письмо́. 나 편지 쓰고 있어.

- Что она пи́шет? 그녀는 무엇을 쓰고 있나요?

- Она́ то́же пи́шет письмо́. 그녀 역시 편지를 쓰고 있습니다.

- Что вы пи́шете? 당신은 무엇을 쓰고 계십니까?

- Я пишу́ статью́. 저는 기사를 쓰고 있습니다.

- Что они пи́шут? 그들은 무엇을 쓰고 있나요?

- Они́ то́же пи́шут статью́. 그들도 역시 기사를 쓰고 있습니다.

‘사는 곳’ 표현하기

- Где вы живёте? 당신은 어디에 살고 계십니까?

- В Москвé. (Я живý в Москвé.) 모스크바에 삽니다. (저는 모스크바에 살고 있습니다.)

- Где ты живёшь? 너 어디에 살고 있니?

- В Корée. (Я живý в Корée.) 한국에. (나 한국에 살아.)

- Где Ви́ктор живёт? 빅또르는 어디에 살고 있습니까?

- Он живёт в Москвé. 그는 모스크바에 살고 있습니다.

- А где Светлáна живёт? 그럼 스베뜰라나는 어디에 살고 있습니까?

- Онá тóже живёт в Москвé. 그녀도 역시 모스크바에 살고 있습니다.

- Где они живýт? 그들은 어디에 살고 있습니까?

- Они́ живýт на ýлице Дрýжбы. 그들은 우정의 거리에 살고 있습니다.

- Где вы живёте? 당신들은 어디에 살고 계십니까?

- Мы живём на проспéкте Ми́ра. 저희는 평화 대로에 살고 있습니다.

▶ '배우는 곳' 표현하기

- Где вы у́читесь? 당신은 어디에서 배우고 있습니까?
- В университе́те.(Я учу́сь в университе́те.) 대학에서. (저는 대학에서 배우고 있습니다.)

- Где Ви́ктор у́чится? 빅토르는 어디에서 배우고 있습니까?
- В сре́дней шко́ле. (Он у́чится в сре́дней шко́ле.) 중등학교에서. (그는 중등학교에서 배우고 있습니다.)

- А где Светла́на у́чится? 그럼 스베뜰라나는 어디에서 배우고 있습니까?
- Она то́же у́чится в сре́дней шко́ле. 그녀 역시 중등학교에서 배우고 있습니다.

▶ '일하는 곳' 표현하기

- Вы рабо́таете и́ли у́читесь? 당신은 일합니까, 아니면 공부합니까?
- Днём я рабо́таю на заво́де, а ве́чером учу́сь в университе́те.
  낮엔 공장에서 일하고, 저녁엔 대학에서 공부하고 있습니다.

- Где вы рабо́таете? 당신은 어디에서 근무하십니까?
- В университе́те.(Я рабо́таю в университе́те.) 대학에서요. (그는 대학에서 근무합니다.)

- А где Ма́рта рабо́тает? 그럼 마르따는 어디에서 근무하죠?
- В ба́нке.(Она́ рабо́тает в ба́нке.) 은행에서요. (그녀는 은행에서 근무합니다.)

- Где Ви́ктор рабо́тает? 빅또르는 어디에서 근무하죠?
- В магази́не.(Он рабо́тает в магази́не.) 상점에서요.

(그는 상점에서 일하고 있습니다.)
- Андре́й, где рабо́тает твоя подру́га? 안드레이, 네 여자 친구는 어디에서 일하니?
- В шко́ле.(Она́ рабо́тает в школе.) 학교에서. (그녀는 학교에서 일해.)

- Ма́рта, где рабо́тает ваш друг? 마르따, 당신의 남자 친구는 어디에서 근무 하죠?
- В гости́нице.(Он рабо́тает в гости́нице.) 호텔에서요. (그는 호텔에서 근무합니다.)

- Ни́на, ты не зна́ешь, где рабо́тает Анто́н? 니나, 너 안똔이 어디에서 일하는지 모르니?
- Он рабо́тает на ме́бельной фа́брике. 그는 가구공장에서 일해.
- Прости́те, где вы рабо́таете? 실례합니다만, 당신은 어디에서 일하십니까?
- Я рабо́таю в орке́стре. 저는 오케스트라에서 일합니다.

다음 대화를 연습하세요.

- Вы не зна́ете, где живёт Ни́на Петро́вна?

- Зна́ю. Она́ живёт на у́лице Че́хова.

- Окса́на, где вы живёте?

- Я живу́ в Ки́еве.

- Где они́ живу́т?

- Они живу́т на у́лице Дру́жбы.

- А́нна, вы рабо́таете и́ли у́читесь?

- Учу́сь.

- А где?

- В университе́те.

- А ва́ша подру́га Ма́рта то́же у́чится?

- Да, мы у́чимся вме́сте.

- Вы рабо́таете и́ли у́читесь?

- У́тром я рабо́таю, а ве́чером учу́сь.

- Что вы де́лаете обы́чно ве́чером?

- Слу́шаю му́зыку, смотрю́ телеви́зор и отдыха́ю.

수사

0	ноль	1	оди́н	2	два
3	три	4	Четы́ре	5	пять
6	шесть	7	семь	8	во́семь
9	де́вять	10	де́сять	11	оди́ннадцать
12	двена́дцать	13	трина́дцать	14	Четы́рнадцать
15	пятна́дцать	16	шестна́дцать	17	семна́дцать
18	восемна́дцать	19	девятна́дцать	20	два́дцать

* 1(оди́н)은 성, 수에 따라 одна́, одно́, одни́ 로 변합니다.

* 2(два)의 여성형은 две 입니다.

- Вы уже́ давно́ живёте в Москве́? 당신은 모스크바에서 사신지 오래되셨나요?

- Давно́. Уже́ семь лет. 오래되었습니다. 벌써 7년 되었군요.

- Вы уже́ давно́ здесь рабо́таете? 여기서 근무하신지 오래되셨나요?

- Два го́да. 2년 되었습니다.

- Вы ужé давнó здесь? 당신은 이미 오래 전에 여기 오셨나요?

- Нет. Не óчень. Минýт пять. 아니오. 얼마 되지 않았습니다. 약 5분 됐어요.

- Мама, ты не знáешь, Серёжа давнó живёт в Ки́еве? 엄마, 세료자가 얼마나 끼예프에 살았는지 알아요?

- Три гóда. 3년 되었단다.

▶ '시간' 말하기

1 시에 в час	2 시에 в два часá
3 시에 в три часá	4 시에 в четы́ре часá
5 시에 в пять часóв	6 시에 в шесть часóв
7 시에 в семь часóв	8 시에 в вóсемь часóв
9 시에 в девять часóв	10 시에 в дéсять часóв
11 시에 в оди́ннадцать часóв	12 시에 в двенáдцать часóв

다음 대화를 연습하세요.

- Са́ша, когда́ твой па́па прихо́дит домо́й?

- Обы́чно, в семь часо́в. Но сего́дня — в де́вять часо́в.

- Тама́ра, когда́ ты за́втракаешь?

- Обы́чно, в во́семь часо́в.

- Когда́ вы обе́даете?

- Обы́чно, в двена́дцать часо́в, а когда́ сего́дня - не зна́ю.

- Мама, ско́ро за́втрак?

- Да, ско́ро.

- Ма́ма, когда́ у́жин?

- Ско́ро, ско́ро. Подожди́ немно́жко.

- Ни́на Васи́льевна, когда́ сего́дня экску́рсия?

- В де́вять часо́в.

- Та́ня, ты не зна́ешь, когда́ сего́дня обе́д?

- Нет, не зна́ю.

- И́ра, когда́ сего́дня у́жин?

- В семь (часо́в).

- Па́па, ты не зна́ешь ско́лько вре́мени?

- Оди́ннадцать часо́в три́дцать пять мину́т.

- Прости́те, вы не зна́ете ско́лько вре́мени?

- Де́вять часо́в.

- Са́ша, приходи́ в го́сти. Я живу́ на у́лице Достое́вского. Дом 3(три), кварти́ра 10(де́сять).

- Спаси́бо, Андре́й.

- Это у́лица Че́хова?

- Да.

- Где здесь дом 22(два́дцать два)?

- Вот он.

▶ 만남에 대한 동의와 거절

- Ребя́та, дава́йте встре́тимся сего́дня ве́чером в клу́бе.

애들아, 오늘 저녁에 클럽에서 만나기로 할까.

- Мы согла́сны. 그러자.

Он (не) согла́сен. 그는 동의한다. (하지 않는다.)
Она́ (не) согла́сна. 그녀는 동의한다. (하지 않는다.)
Они́ (не) согла́сны. 그들은 동의한다. (하지 않는다.)

- Мари́я, Са́ша, дава́йте встре́тимся сего́дня ве́чером.
- Хорошо́. А где?
- В кафе́.

- Ма́ша, дава́й встре́тимся сего́дня днём.
- Я согла́сна.

- Са́ша, дава́й встре́тимся за́втра на стадио́не.
- Дава́й. А когда́?
- У́тром в де́вять часо́в.

упражнения

1. 다음 뜻에 맞는 러시아어 단어를 만들어보세요.

언어	яз( )к	편지	пи( )мо
엽서	откр( )тка	작은	мале( )кий
큰	Бол( )шой	매우	оч( )
사전	слова( )	봉투	конв( )
극장	( )атр	광장	площа( )

2. 다음 텍스트를 읽고 물음에 답하세요.

Ёнсу и Чолсу́ живу́т в большо́м го́роде. Они́ у́чатся в институ́те на пе́рвом ку́рсе. Друзья́ хорошо́ говоря́т по-англи́йски, непло́хо зна́ют францу́зский язы́к. Сейча́с они́ изуча́ют ру́сский язы́к. В институ́те, где у́чатся Ёнсу и Чолсу́, рабо́тает ру́сский преподава́тель Серге́й Ива́нович. Он москви́ч.

В Москве́ Серге́й Ива́нович рабо́тает в МГУ на подготови́тельном факульте́те. Но сейча́с он преподаёт ру́сский язы́к в институ́те, где у́чатся Ёнсу и Чолсу́. Серге́й Ива́нович хоро́ший преподава́тель. Его́ студе́нты изуча́ют ру́сский язы́к то́лько ме́сяц, но они́ уже́ немно́го говоря́т по-ру́сски. Они́ ча́сто смо́трят фи́льмы, слу́шают сове́тские пе́сни и уже́ са́ми пою́т пе́сню <Подмоско́вные вечера́>.

Серге́й Ива́нович ча́сто расска́зывает, как живу́т ру́сские лю́ди, как у́чатся и отдыха́ют ру́сские студе́нты.

1) 철수의 직업은 무엇입니까?

а. Чолсу - врач.

б. Чолсу - инжене́р.

в. Чолсу - студе́нт.

г. Чолсу - спортсме́н.

д. Чолсу – арти́ст.

2) 철수는 어디에 살고 있습니까?

а. Чолсу живёт в ма́леньком го́роде.

б. Чолсу живёт в мо́ленькой дере́вне.

в. Чолсу живёт в большо́м го́роде.

г. Чолсу живёт в большо́й дере́вне.

3) 영수는 무슨 학교의 몇 학년생입니까?

а. Ёнсу у́чится в университе́те на второ́м ку́рсе.

б. Ёнсу у́чится в университе́те на пе́рвом ку́рсе.

в. Ёнсу у́чится в институ́те на второ́м ку́рсе.

г. Ёнсу у́чится в университе́те на четвёртом ку́рсе.

д. Ёнсу у́чится в институ́те на пе́рвом ку́рсе.

4) 세르게이 이바노비치의 직업은 무엇입니까?

а. Сергей Иванович - врач.

б. Сергей Иванович - студе́нт.

в. Сергей Иванович - спортсме́н.

г. Сергей Иванович – арти́ст.

д. Сергей Иванович - преподава́тель.

5) 세르게이 이바노비치는 지금 어디에서 근무하고 있습니까?

а. Серге́й Ива́нович сейча́с рабо́тает в шко́ле.

б. Серге́й Ива́нович сейча́с рабо́тает в институ́те.

в. Серге́й Ива́нович сейча́с рабо́тает в ба́нке.

г. Серге́й Ива́нович сейча́с рабо́тает в университе́те.

д. Серге́й Ива́нович сейча́с рабо́тает на фа́брике.

6) 세르게이 이바노비치는 무슨 과목을 강의하고 있습니까?

а. Серге́й Ива́нович преподаёт хи́мию.

б. Серге́й Ива́нович преподаёт исто́рию.

в. Серге́й Ива́нович преподаёт литерату́ру.

г. Серге́й Ива́нович преподаёт ру́сский язы́к.

д. Серге́й Ива́нович преподаёт англи́йский язы́к.

7) 영수와 철수는 러시아어를 어느 정도 합니까?

а. Ёнсу и Чолсу́ немно́го говоря́т по-ру́сски.

б. Ёнсу и Чолсу́ хорошо́ говоря́т по-ру́сски.

в. Ёнсу и Чолсу́ о́чень хорошо́ говоря́т по-ру́сски.

г. Ёнсу и Чолсу́ пло́хо говоря́т по-ру́сски.

4. 다음 질문에 러시아어로 답하세요.

1) Кто тако́й Серге́й Ива́нович?

____

2) Где он сейча́с рабо́тает?

____

3) Что он преподаёт?

____

4) Как вы ду́маете, Серге́й Ива́нович – хоро́ший преподава́тель?

____

5) Почему́ вы так ду́маете?

____

6) Кто таки́е Ёнсу и Чолсу?

____

7) Что они́ изуча́ют?

____

8) Как по-ва́шему, Ёнсу и Чолсу́ хоро́шие студе́нты?

____

5. 괄호 안의 단어 전치격으로 고치세요.

1) Где Са́ша? - Он в _______. (шко́ла)

2) Пе́тя в _______________. (Москва́)

3) Портфе́ль на _______. (стол)

4) Они́ сейча́с в _______. (парк)

5) Где па́па? - Он в _______. (Пари́ж)

6) Где вы живёте? - В _______. (Сеу́л)

7) Где Та́ня? - Она́ в _______. (банк)

8) Где сейча́с ма́ма? - Она́ на _______. (рабо́та)

9) Она рабо́тает в _______________. (институ́т)

10) Мой брат у́чится в _______________. (университе́т)

★ 단어외우기

английский 영국의
артист 예술가
аптéка 약국
близко 가까이, 가깝다
бумáжник 지갑
ваш 당신의
вéчером 저녁에
встрéтиться 만나다
вторóй 두 번째의, 제 2 의
гостиница 호텔
давнó 오래 전에
далекó 멀리, 멀다
дáма 부인, 숙녀, (카드의) 여왕
зáвтра 내일
зáвтрак 아침식사
извинить 용서하다
изучáть 배우다, 연구하다
инострáнец 외국인
инострáнка 여자 외국인
знáние 지식
квартира (아파트의 각) 세대, 가호, -호
кинотеáтр 영화관
курс 학년, 과정
кýхня 부엌
лáмпа 램프, 등, 전등
литератýра 문학
люди 사람들, чéловек (사람)의 복수
мáрка 우표, 상표, 수입인지
МГУ 모스크바국립대학교
мéбельный 가구의
мéсяц 달, 월, 개월
Москвич 모스크바 시민
напрóтив 맞은편에, 반대로,
немнóжко 조금(=немнóго)
обычно 보통, 통상(적으로)
оркéстр 오케스트라
Париж 파리
пешкóм 걸어서, 도보로
подготовительный 예비의
подмосковный 모스크바 근교의
портфéль 서류가방, 종이끼우개
попáсть 찾아내다, 명중하다
посóльство 대사관
приходить (걸어서) 도착하다, 오다
проспéкт 대로(大路)
расскáзывать 이야기하다, 말하다
рядом 나란히, 옆에, 아주 가까이에
Сеýл 서울
скóро 곧, 빨리, 속히
срéдний 중등의, 중앙의, 중간의
совéтский 소비에트의, 소련의
США 미국
твой 너의
тыква 호박
ужé 이미, 벌써

у́жин 저녁식사

у́тром 아침에

часы́ 시계

фа́брика (경공업) 공장, 제조소

фи́зика 물리

францу́зский 프랑스의

факульте́т 학부

♪ 러시아 노래를 배워봅시다.

Я шага́ю по Москве́

Быва́ет всё на све́те хорошо́.

В чём де́ло сра́зу не поймёшь.

А про́сто ле́тний дождь.

Норма́льный ле́тний дождь.

Мелькнёт в толпе́ знако́мое лицо́.

Весёлые глаза́..

А в них бежи́т Садо́вое кольцо́..

А в них блести́т Садо́вое кольцо́.

И ле́тняя гроза́.

나는 모스크바를 걷네

세상만사가 잘 돌아가네.

웬일인지 바로 알 수 없네.

단지 여름비가.

평범한 여름비가.

인파 속에 아는 얼굴이 보이네.

즐거운 눈들도…

그 속에 싸도보예 깔쪼가 달리네.

그 속에 싸도보예 깔쪼가 빛나네.

여름 뇌우도.

이 노래는 영화 "나는 모스크바를 걷네"의 주제곡입니다. 러시아 영화감독 니끼따 미할꼬프가 지하철 계단을 오르며 이 노래를 부르는 장면은 특히 인상적입니다.

문화 속 에티켓 알기

러시아에는 여러 종류의 대중교통 수단이 존재합니다. 한국에서는 이미 사라진 전차(трамва́й)와 트롤리 버스(тролле́йбус), 버스(авто́бус), 지하철(метро́) 등이 있는데 모스크바와 같은 대도시에서는 지하철 이용이 많습니다. 러시아의 지하철은 세계적으로 유명한데 그 내부가 마치 박물관이나 미술관을 찾은 것처럼 예술적으로 꾸며져 있고 노선들의 연결도 용이하여 외국인이라 하더라도 노선도만 있으면 쉽게 목적지를 찾아갈 수 있습니다. 통상 러시아인들은 집에서 지하철 역까지 몇 정거장은 걸어 다니는 것을 선호하지만 너무 먼 거리거나 바쁠때에는 '마르쉬루뜨까(маршру́тка)'라고 불리는 마을버스를 이용하기도 합니다.

버스, 전차, 트롤리 버스 등을 이용할 때는 가까운 판매소나 기사에게 차표

를 살 수 있고 차에 탄 후에는 차 안에 있는 펀칭기에 표를 찍은 후 내릴때까지 지니고 있어야 합니다. 표를 찍지 않고 무임승차를 시도하다가는 검표원에게 적발되어 벌금을 물게 됩니다.

제 7 과 (урок 7)

자음 ш, ж, ц, ч, щ (슬라브어에 특징적인 소리)들이 들어있는 단어 읽기

(Ш)	(Ж)	(Ц)	(Ч)	(Щ)
наш	то́же	царь	ру́чка	ещё
ваши	уже́	ци́фра	но́чью	пло́щадь
маши́на	скажи́	цирк	о́чень	това́рищ
оши́бка	покажи́те	центр	ча́сто	общежи́тие
чита́ешь	жена́	у́лица	учёбник	

다음 발음을 연습하세요.

сар - зар - жар – шар

суп - зуб - жук – шут

сир - зил - жил – шил

сор - зор - жёлт - шёлк

сак - зак - жак - шаг

сет - зет - жест - шест

сок - зок - жок - шок

зáза - кáсса - сáжа - Сáша

косá - козá - межá - левшá

неси́ - вези́ - скажи́ - пиши́

сирóп - Зинóк - ширóк - жирóк

зáмки - сáнки - жáжда - шáшки

сéтка - зéбра - Жéня - шéйка

Сёмка - зёрна - Жёстко - шёрстка

말 빨리하기(скороговóрки) 놀이

* В шалашé шесть шалунóв.

* Шёл Глеб с хлéбом. Шла Óля с сóлью.

* Слу́шали стару́шки. Как куковáли куку́шки.

* Ры́жий ры́жик рыж не зря. Ры́жик - вéстник сентября́.

* У четырёх черепáшек по четы́ре черепашóнка.

* Щипцы́ и клéши - вот нáши вéщи.

* Щи да кáша - пи́ща нáша.

속담(послóвица)

* Хорошó смеётся тот, кто смеётся послéдний.

최후에 웃는 자가 잘 웃는다.

* Учи́ться никогдá не пóздно. 배우는 것에는 결코 늦음이 없다.

* Знáние - лу́чшее богáтство. 지식은 훌륭한 재산이다.

옛날 이야기(ска́зка)

Ти́хая ска́зка

Эту ска́зку ты прочтёшь

Ти́хо, ти́хо, ти́хо...

Жили-бы́ли се́рый ёж

И его́ ежи́ха.

Се́рый ёж был о́чень тих

И ежи́ха то́же.

И ребёнок был у них -

Ти́хий-ти́хий ёжик.

Всей семьёй иду́т гуля́ть

Но́чью вдоль доро́жек.

Ёж-оте́ц, ежи́ха-мать

И ребёнок-ёжик.

Вдоль глухи́х осе́нних троп

Хо́дят ти́хо: топ-топ-топ...

В дом лесно́й верну́тся ёж,

Ёжик и ежи́ха,

Е́сли ска́зку ты прочтёшь

Ти́хо,

Ти́хо,

Ти́хо...

С. Маршак

동사 과거시제

러시아어 동사의 과거시제는 영어의 과거, 현재완료, 과거완료의 기능을 합니다. 예를 들어, "**Он чита́л.**"은 "그는 읽었다", "그는 읽고 있었다", "그는 읽은 적이 있다"는 등의 의미를 지니고 있지요. 동사 과거형태는 미정형(동사원형)에서 접미사 **-ть** 나 **-ти** 를 떼어낸 후 어간에 과거시제 접미사 **-л** 을 붙입니다. 과거형에는 주어의 성, 수에 따라 성과 수의 구별이 있어 여성형에는 **-а**, 중성형에는 **-о**, 복수형에는 **-и** 를 붙입니다.

- Что вы де́лали у́тром?

- Чита́л. (У́тром я чита́л.)

- Когда́ вы де́лали дома́шнее за́дание?

- Вчера́ ве́чером.(Я де́лал дома́шнее зада́ние вчера́ ве́чером.)

чита́ть(읽다)	писа́ть(쓰다)	отдыха́ть(쉬다)
он чита́л	он писа́л	он отдыха́л

она́ чита́ла
они́ чита́ли

она́ писа́ла
они́ писа́ли

она́ отдыха́ла
они отдыха́ли

де́лать(하다)
он де́лал
она́ де́лала
они́ де́лали

рабо́тать(일하다)
он рабо́тал
она́ рабо́тала
они́ рабо́тали

слу́шать(듣다)
он слу́шал
она́ слу́шала
они́ слу́шали

смотре́ть(보다)
он смотре́л
она́ смотре́ла
они́ смотре́ли

жить(살다)
он жил
она́ жила́
они жи́ли

учи́ться(배우다)
он учился
она́ учи́лась
они́ учи́лись

Вчера́ ве́чером я писа́л письмо́, а пото́м чита́л. (주어가 남성)

Вчера́ ве́чером я писа́ла письмо́, а пото́м чита́ла. (주어가 여성)

Са́ша отдыха́л сего́дня у́тром.

Та́ня слу́шала ра́дио вчера́ днём.

Са́ша и Та́ня гуля́ли до́лго ве́чером(но́чью).

시간(현재 시제와 과거 시제)과 장소의 표현

- Где вы бы́ли вчера́ ве́чером? 당신 어제 저녁에 어디 계셨어요?

- В теа́тре. (Я был в теа́тре.) 극장에요. (극장에 있었습니다.)

- Где он?

- В Москве́. (Он в Москве́).

- Где она́?

- В Москве́. (Она́ в Москве́.)

- Где он был?

- В Москве́. (Он бы́л в Москве́.)

- Где она́ была́?

- В Москве́. (Она́ была́ в Москве́.)

- Где оно́ бы́ло?

- В Москве́. (Оно́ бы́ло в Москве́.)

- Где они́ бы́ли?

- В Москве́. (Они́ бы́ли в Москве́.)

быть(존재하다, 있다)의 과거 시제
(он) был (그가) 있었다
(онá) былá (그녀가) 있었다
(онó) бы́ло (그것이) 있었다
(они́) бы́ли (그들이) 있었다

быть(존재하다, 있다)의 부정 과거 시제
(он) не был (그가) 없었다
(онá) не былá (그녀가) 없었다
(онó) не бы́ло (그것이) 없었다
(они́) не бы́ли (그들이) 없었다

인칭대명사의 대격(목적격)

주격 (кто 누가)	대격 (когó 누구를)
я 내가	меня́ 나를
ты 네가	тебя́ 너를
он 그가	егó 그를
онá 그녀가	её 그녀를
мы 우리가	нас 우리를
вы 너희들이, 당신이	вас 너희들을, 당신을
они́ 그들이	их 그들을

남성 및 여성명사의 대격(목적격)

남성명사 활동체에서는 생격(소유격)과 대격이 같고, 불활동체에서는 주격과 대격이 같습니다. 즉 어미가 자음으로 끝나는 남성명사 활동체의 단수 대격은 **-а** 이며, **-ь** 로 끝나는 남성명사 활동체 단수 대격 어미는 **-я** 입니다.

Антóн (남성명사 활동체 주격) - **Антóна** (남성명사 활동체 대격)

Ви́ктор (남성명사 활동체 주격) - **Ви́ктора** (남성명사 활동체 대격)

И́горь (남성명사 활동체 주격) - **И́горя** (남성명사 활동체 대격)

дом (남성명사 불활동체 주격) - **дом** (남성명사 불활동체 대격)

тетрáдь (여성명사 불활동체 주격) - **тетрáдь** (여성명사 불활동체 대격)

여성명사의 경우는 활동체, 불활동체 모두 단수 대격어미가 **-у(-ю)**입니다.

А́нна (여성명사 활동체 주격) - **А́нну** (여성명사 활동체 대격)

Мáрта (여성명사 활동체 주격) - **Мáрту** (여성명사 활동체 대격)

Мари́я (여성명사 활동체 주격) - **Мари́ю** (여성명사 활동체 대격)

Ви́ктор знáет Атóна.

И́горь знáет А́нну.

А́нна знáет И́горя.

Мари́я тóже знáет И́горя.

다음 대화를 연습하세요.

- Са́ша, ты вчера́ смотре́л телеви́зор?

- Нет, (я) не смотре́л.

- Аня, ты вчера́ смотре́ла телеви́зор?

- Нет, (я) не смотре́ла.

- Ви́ктор, что вы де́лали?

- Снача́ла писа́л пи́сьма, а пото́м чита́л.

- Ви́ктор, что ты де́лал вчера́ вечёром?

- Чита́л журна́л. А ты?

- А я смотре́л телеви́зор.

- Та́ня, что ты де́лала вчера́ днём?

- Рабо́тала. А ты?

- Я то́же днём рабо́тала, а ве́чером отдыха́ла.

- Вла́дик, что ты де́лал вчера́ ве́чером?

- Чита́л кни́гу. Я о́чень люблю́ чита́ть кни́ги.

- Ни́на, что ты де́лала вчера́ ве́чером?

- Смотре́ла телеви́зор.

- А что ты смотре́ла?

- Снача́ла смотре́ла програ́мму <Вре́мя>, а пото́м но́вый фильм.

- Са́ша, когда́ ты смотре́л телеви́зор?

- Вчера́ ве́чером.

- Аня, когда́ ты обы́чно отдыха́ешь?

- Днём или ве́чером.

- Где вы бы́ли вчера́?

- В теа́тре.   А вы?

- И я то́же был в теа́тре.

- Где вы бы́ли вчера́?

- Нигде́ не были.   Отдыха́ли дома.

- Где ты была́ вчера́?

- Я была́ в теа́тре.   А ты?

- А я был на стадио́не.

- Вы зна́ете Са́шу?

- Са́шу? Коне́чно, зна́ю (его́).

- Вы зна́ете Аню?

- Кого́?

- А́ню.

- Нет, не знаю́.

- Ты зна́ешь Ви́ктора?

- Кого́?

- Ви́ктора.

- Коне́чно, зна́ю. Мы живём на одно́й у́лице.

동시에 행해지는 행위

Когда́ я отдыха́ю, я обы́чно слу́шаю му́зыку.

나는 쉴 때 보통 음악을 듣는다.

Когда́ она́ писа́ла письмо́, я де́лал дома́шнее зада́ние.

그녀가 편지를 썼을 때, 나는 숙제를 했다.

전화 대화

- Алло́. 여보세요.

- Позови́те, пожа́луйста, Светла́ну. 스베뜰라나 좀 바꿔주세요.

- Одну́ мину́точку. 잠깐만 기다리세요.

- Алло́. 여보세요.

- Позови́те, пожа́луйста, Ива́на Петро́вича. 이반 뻬뜨로비치씨 부탁합니다.

- Слу́шаю (вас). 말씀하세요.(접니다.)

- Алло́. 여보세요.

- Позови́те, пожа́луйста, Та́ню. 따냐 좀 불러주세요.

- Кого́? 누구요?

- Та́ню. 따냐요.

- Одну́ мину́точку. 잠시 기다리세요.

упражнения

1. 다음 뜻에 맞는 러시아어 단어를 만들어보세요.

잡지	ж(	)л	별	з(	)да
과제	за(	)ие	지식	з(	)е
매표소	к(	)а	고요한	т(	)й
실수	о(	)а	사랑하다	л(	)
새로운	н(	)	황제	ц(	)ь

2. 다음 텍스트를 읽고 물음에 답하세요.

Меня́ зову́т Са́ша. Я журнали́ст. Моя семья́ живёт в Санкт-Петербу́рге. Ра́ньше я то́же жил в Санкт-Петербу́рге и учи́лся там в шко́ле. Я о́чень люблю́ Санкт-Петербу́рг, потому́ что это мой родно́й го́род. Когда́ я жил в Санкт-Петербу́рге, я ча́сто фотографи́ровал его у́лицы, пло́щади, па́рки.

Сейча́с я живу́ в Москве́ и уже́ непло́хо знаю́ её. Я рабо́таю в журна́ле <Ру́сское фо́то>. Пишу́ статьи́, де́лаю фотогра́фии. Мо́жет быть, вы уже чита́ли мою статью́ “Фестива́ль в Москве́” и ви́дели фотогра́фии?

1) 대화에 맞게 괄호 안의 단어를 전치격으로 고치시오.

Где работает Саша? - В ______. (журнал <Ру́сское фо́то>)

Где он жил? - В _______________.(Санкт-Петербу́рг)

Где он сейча́с живёт? - В __________.(Москва́)

2) Са́ша 의 직업은?

а. Са́ша - инжене́р.

б. Са́ша - врач.

в. Са́ша - спортсме́н.

г. Са́ша - арти́ст.

д. Са́ша - журнали́ст.

3) Са́ша 의 가족은 어디에 살고 있습니까?

а. Семья́ Са́ши жила́ в Москве́.

б. Семья́ Са́ши живёт в Санкт-Петербу́рге.

в. Семья́ Са́ши жила́ в Санкт-Петербу́рге.

г. Семья́ Са́ши живёт в Москве́.

4) Са́ша 는 어디에 살았습니까?

а. Са́ша жил в Москве́.

б. Са́ша жил в Санкт-Петербу́рге.

в. Са́ша жила́ в Санкт-Петербу́рге.

г. Са́ша живёт в Москве́.

5) Са́ша 가 Санкт-Петербу́рг 를 매우 좋아하는 이유는 무엇입니까?

а. Са́ша о́чень лю́бит Санкт-Петербу́рг, потому́ что он рабо́тает там.

б. Са́ша о́чень люби́л Санкт-Петербу́рг, потому́ что э́то его́ родно́й го́род.

в. Са́ша о́чень лю́бит Санкт-Петербу́рг, потому́ что это её родно́й го́род.

г. Саша о́чень лю́бит Санкт-Петербу́рг, потому́ что он жил там.

д. Саша о́чень лю́бит Санкт-Петербу́рг, потому́ что он учи́лся там.

6) Са́ша 는 무엇을 씁니까?

а. Са́ша пи́шет журна́л.

б. Са́ша пи́шет статьи́.

в. Са́ша пи́шет фотогра́фии.

г. Са́ша пи́шет кни́гу.

д. Саша пи́шет рома́н.

4. 다음 질문에 러시아어로 답하시오.

1) Кто тако́й Са́ша?

____

2) Где он сейча́с рабо́тает?

____

3) Что он преподаёт?

____

4) Где он жил?

____

5) Где он сейчáс живёт?

____

★ 단어외우기

аллó 여보세요

блестéть 빛나다, 반짝이다

выходи́ть (걸어) 나가다

бог 신(神), 하나님, 하느님

богáтство 부귀, 부, 재물, 풍부

быть 존재하다

вдоль -을 따라

вернýться (되)돌아가다

вéстник 전령, 통보(자), 사자(使者)

вéщь 물건, 사물, 것

внимáть 귀를 기울이다

глухóй 인적이 드문,
무성의, 귀먹은

днём 낮에

домáшний 집의, 가정의, 집안의

домáшнее задáние 숙제

дорóжка 작은(좁은) 길,
(дорóга 의 지소)

ёж 고슴도치

ёжик 어린 고슴도치
(ёж 의 지소, 애칭)

ежи́ха 암고슴도치

жáжда 목마름, 갈증, 열망

жар 열, 무더위

жест 몸짓, 제스처

Жили-бы́ли 옛날 옛적에

жук 딱정벌레

журнáл 잡지

журнали́ст 저널리스트,
신문, 잡지 기자

задáние 과제

зáмки 성(城)들,
'궁전'(зáмок)의 복수

звать 부르다

звездá 별

зéбра 제브라, 얼룩말

зёрна 알곡, 곡물
종자(зéрно)의 복수

знáние 배움, 지식

зря 헛되이, 쓸데없이

зуб 이, 치아

кáсса 매표소(구), 카운터

кáша 죽

клéши 집게, 펜치

козá 염소

косá 1) 땋은 머리, 변발 2) 큰 낫

кремни́стый 돌, 자갈이 많은

кто 누가, (관계대명사) -하는(사람)

куковáть (뻐꾸기가) 울다

кукýшка 뻐꾸기

левшá 왼손잡이

леснóй 숲의, 산(림)의

лýчший 더 좋은, 최상의

люби́ть 좋아하다, 사랑하다

межá 모피 의류

минýточка 분 (минýта 의 지소.

애칭), 잠깐

мóжет быть 아마

никогдá 결코 ~하지 않다

нóвый 새로운

осéнний 가을의

оши́бка 실수

пи́ща 식품, 양식

плóхо 나쁘게, 나쁘다

пожáлуйста 제발, 어서

позвáть 부르다

пóздно 늦게, 늦다

послéдний 마지막의, 최후의

потóм 나중에, 다음에

прогрáмма 프로그램

прочéсть 다 읽다(=прочитать), 통독하다

пусты́ня 광야, 사막

путь 길

рáньше 예전에

роднóй 고향의, 육친의

ры́жий 적황색의, 불그스레한

ры́жик 붉은 머리의 아이들이나 작은 동물

сáнки 썰매(=сáни)

Санкт-Петербýрг 쌍뜨-뻬쩨르부르크

сентя́брь 9 월

сéрый 회색의, 흐린

сéтка 작은 그물, 네트

сирóп 시럽, 약초를 달인 즙

сквозь (관)통하여, -을 뚫고

сок 즙, 주스

сóль 소금

сор 먼지, 티끌과 같은 작은 쓰레기

смея́ться 웃다

старýшка 노부인, 노파 (старýха)의 애칭

там 그곳에(서), 거기에(서)

ти́хий 고요한, 조용한

ти́хо 조용히, 조용하다

топ 발자국 소리, 제자리걸음

тот 이, 그, 저

тропá 오솔길, 좁은 길

тумáн 안개

учи́ться 배우다

фестиваль 페스티벌, 축제, 기념제

фóто 사진, 사진관

фотографи́ровать 촬영하다

хлéб 빵

ходи́ть (걸어)가다, 다니다

царь 황제

черепáшка 곡물해충의 하나

четы́ре 4

шаг 일보, 한 걸음

шалáш 임시막사, 날림집

шалýн 개구쟁이, 장난꾸러기

шар 공, 구

шáшки 서양바둑

шéйка 가늘고 작은 목

шёрстка 양모(шерсть)의 애칭

шест 장대, 긴 막대

шесть 6

шёлк 견, 견사, 비단

шок 쇼크, 정신적 충격

шут 어릿광대, 익살꾼, 악마

щипцы́ 족집게, 핀셋, 펜치, 집

♪ 러시아 노래를 배워봅시다.

Выхожу́ оди́н я на доро́гу.

Выхожу́ оди́н я на доро́гу.

Сквозь тума́н кремни́стый путь блести́т.

Ночь тиха́.

Пусты́ня вне́млет бо́гу..

И звезда́ с звездо́ю говори́т.

나 홀로 길을 걷고 있네.

나 홀로 길을 걷고 있네.

안개 속에서 자갈길 빛나네.

밤은 고요하네.

광야가 신에게 귀 기울이네.

별과 별이 말하고 있다네.

이 노래는 19세기 초 러시아 시의 황금기 뿌쉬낀의 뒤를 잇는 시인 레르몬또프(1814-1841)의 시에 곡을 붙인 것입니다. 레르몬또프는 당시 부조리한 러시아 사회현실에 회의와 절망을 느껴 고독, 애수, 절망 등에 대한 시를 주로 창작하였습니다. 그는 뿌쉬낀이 결투로 사망하자 그의 죽음을 애도하며 그를 죽음으로 내몬 부조리한 러시아 사회를 고발한 작품 <시인의 죽음>으로 명성을 얻었으나 황제의 노여움을 사 까프까스로 추방되었습니다. 그는 뿌쉬낀보다도 더 짧은 생애 동안 자유를 갈망하는 서정시를 많이 창작했으며, 장편 <우리시대의 영웅>을 집필하였습니다.

문화 속 에티켓 알기

한 나라를 이해하기 위해서는 그 나라의 언어와 역사, 문화 등을 알아야합니다. 문화 중에서도 그 나라 사람들의 사고와 생활 습관을 이해하는 지름길은 바로 그 사람들이 가장 보편적으로 믿고있는 종교를 이해하는 일입니다. 따라서 러시아인들을 바르게 이해하기 위해서는 무엇보다도 대다수의 러시아 사람들이 믿고있는 러시아 정교에 대해 알아야겠지요. 러시아 역사에서, 특히 러시아 정교사에서 종교개혁을 단행해 기독교 국가로 만든 사람은 끼예프 공국의 블라지미르 대공입니다. 러시아 역사에서 가장 중요한 사건은 블라지미르 공이 비잔틴제국으로부터 그리스 정교를 수용해 전국민을 세례시킨 사건이라고 할 수 있지요. 즉 그는 당시 다신교를 믿던 국민들로 하여금 세례를 받게 하여 기독교도로 개종을 시켰고, 988년에 러시아 정교를 국교로 선포하였습니다.

그런데 아이러니한 일은 그가 러시아 정교회 성자들의 반열에 오르기 이전에는 상당히 방탕한 군주였다는 것입니다. 그 예로, 그는 적장의 약혼녀를 자신의 아내로 삼았고, 적장을 죽인 후 끼예프 공국의 대공후가 되었습니다. 또한 그는 신앙에 권력 모형을 부여하고, 권력에는 신앙 모형을 부여하기 위해 고대 슬라브인들이 믿고 있던 수많은 이교 신들을 뻬룬(슬라브인의 뇌우신)을 우두머리로 한 7대 신으로 정리하려고 했습니다. 그러나 이교도가 새로운 권력 모델과 확립된 사회에 부합되지 않자 이성과 감성에 영향을 미치는 그리스 정교와 같은 일신교가 필요하다는 것을 깨달았습니다. 그래서 블라지미르는 할머니(올가 여공)가 믿었던 그리스 정교를 선택하였던 것이지요.

블라지미르는 비잔틴제국의 기독교 문화를 수용해 나라를 발전시키는 한편, 선임자들의 업적을 계승하여 나라를 안정시키고, 광범위한 영토를 확장했습니다. 또한 그는 자신의 치세 기간(980-1015년)에 종교적 성격을 지닌 양대 개혁을 실시하여 고대 러시아인들의 삶의 기반을 완전히 바꾸어 놓았습니다.

정교회의 십자가는 우리에게는 낯선 모양을 하고있는데, 횡축과 경사진 나무가 더 붙어 있는 십자가입니다. 그리스도가 매달린 육신을 상징적으로 표현하고 있는 정교회의 십자가는 끝이 6면이거나 8면인 십자가를 사용합니다. 십자가의 각 부분은 위로부터 그리스도의 머리, 못 박힌 그리스도의 두 팔, 두 발을 상징합니다.

성호를 긋는 것은 예수 그리스도와 성삼위일체에 대한 사람들의 신앙과 주님의 뜻에 순종하는 것을 상징하는데, 정교의 성호는 세 손가락을 먼저 이마(성부)에서 배(성자)로 그은 다음, 가톨릭과는 반대로, 오른편 어깨(성자들)에서 왼편 어깨(성령)의 순서로 긋습니다. 여기서 세 손가락은 성삼위일체를 상징하며, 두 손가락은 그리스도가 지닌 신성과 인성의 결합을 상징합니다.

제 8 과 (урок 8)

발음에 유의하여 정확하게 읽어봅시다.

<table>
<tr><td>то́чный
да́чный
ве́чный
ночно́й
ручно́й</td><td>чн → [шн]
коне́чно
наро́чно
ску́чно
скворе́чник
яи́чница
дво́ечник
Ники́тична</td><td>гк → [хк]
лёгкий
мя́гкий
легко́
мя́гко</td></tr>
<tr><td>чтец
чте́ние
чти́во
учти́во
чтить</td><td>чт → [шт]
что
что́бы
что́-то
что́-нибудь
потому́-что</td><td>гч → [хч]
ле́гче
мя́гче
легча́йший
мягча́йший
обле́гчить
смягчи́ть</td></tr>
<tr><td>его́р
лего́нько
огоро́д
поговоро́рка
поговори́ть
огороди́ть
богомо́л</td><td>г → [в]
его́
у него́
бе́лого
краси́вого
интере́сного
сего́дня
сего́дняшний
итого́</td><td></td></tr>
</table>

다음 대화를 연습하세요.

Что это? - спра́шивает учи́тель.

Это каранда́ш, - отвеча́ет учени́к.

Что у него́?

У него́ кани́кулы, до́ктор.

Чей это сын? Чья это дочь?

Это ва́ши де́ти?

Что вы!

Это не мои́ де́ти.

А чьи?

Я не зна́ю, чьи э́то де́ти.

소유'를 나타내는 у+생격 구문

가지고 있다, 소유하다' 라는 의미를 표현할 때 영어에서는 have 동사를 사용하지요? 러시아어에서는 특별한 구문이 일반적으로 사용되는데 바로 'у+кого (есть) +명사 주격' 구문입니다. 여기에서 есть 는 동사 быть 의 현재형으로 "있다'또는 '이다'라는 뜻으로서 이 의미를 강조할 경우에만 사용하고, 보통은 생략합니다. 예를 들어, "У меня́ друг.(나에겐 친구가 있다.)"라는 문장은 '전치사 + 인칭대명사 생격 +명사 주격'으로 구성되어 있으며, 동사 есть 는 생략되어 있습니다. 그러나

'있다'라는 사실을 강조하려면 다음과 같이 동사 **есть** 를 넣습니다: **У меня́ есть друг.**(나에겐 친구가 있다.)

인칭대명사의 생격형

주격 (кто)	생격 (когó)
я	меня́
ты	тебя́
он	негó
онá	неё
мы	нас
вы	вас
они́	них

у+인칭대명사 생격

у меня́, у тебя́, у нас, у вас
3인칭 대명사가 전치사와 결합할 경우 **н**이 첨가됩니다:
у негó, у неё, у них

У меня́ (есть) кни́га. 나에게는 책이 있다.

У тебя́ (есть) друзья́ 너에게는 친구들이 있다.

У негó (есть) подру́га. 그에게는 여자친구가 있다.

У неё (есть) друг. 그녀에게는 남자친구가 있다.

У нас (есть) кни́ги. 우리는 책들을 가지고 있다.

У вас (есть) друг. 당신에게는 (남자)친구가 있다.

У них (есть) кни́ги. 그들은 책들을 소유하고 있다.

> 남성 인명에서는 주격에 -a를 붙입니다:
> Ви́ктор → у Ви́ктора
>
> 여성 인명에서는 주격 형태인 -a를 생격 형태인 -ы로 바꿉니다:
> А́нна → у А́нны

- У Анто́на есть кни́га? 안똔은 책 한 권을 가지고 있습니까?
- Нет.(У него́ нет кни́ги.) 아니오.(그에게는 책이 없습니다.)

- У Ната́ши есть кни́а? 나따샤에게는 책이 있습니까?
- Да, у неё есть. 네, 그녀에게는 있습니다.

у+кого (есть) + нет + 명사 부정생격

нет 란 단어는 '아니오'란 뜻과 '없다'란 뜻을 가지고 있습니다. 따라서 앞에서 이미 학습한 '**у+**생격' 구문에 부정어 **нет** 를 넣으면 '**~**가 없다'라는 뜻이 됩니다. 이때 문법적으로 주의할 것은 부정어 **нет** 다음에 오는 명사는 반드시 생격형으로 만들어줘야 한다는 것입니다. 이러한 생격형을 문법용어로 '부정생격'이라고 합니다.

- У вас есть брат? 당신에게는 형이 있습니까?

- Нет, у меня́ нет бра́та. У меня́ есть сестра́. 아니오. 나에게는 형이 없습니다. 나에게는 누이가 있습니다.

명사의 생격 형태

	주격	생격
남성	журна́л брат музе́й слова́рь	журна́ла бра́та музе́я словаря́
여성	маши́на сестра́ пе́сня ночь мать*	маши́ны сестры́ пе́сни но́чи ма́тери
중성	письмо́ зда́ние вре́мя*	пи́сьма зда́ния вре́мени

(мать. вре́мя 는 특수한 변화형태임)

다음 대화를 연습하세요.

- У вас есть де́ти?

- Да, у меня́ сын и дочь.

- Са́ша, у тебя есть соль?

- Да, (у меня́) есть.

- Та́ня, у тебя́ есть ру́чка?

- Нет, у меня́ нет ру́чки. У Ка́ти есть она́.

- Ви́ктор, у тебя́ есть холоди́льник?

- Да, есть. У меня́ всё есть: холоди́льник, пылесо́с, стира́льная маши́на. И ви́део у меня́ есть. А у тебя?

- А у меня́ ничего́ нет.

- Скажи́те, пожа́луйста, у вас есть сестра́?

- Есть.

- А как её зову́т?

- Ни́на.

- У Ната́ши есть брат?

- Нет.

- Он у́чится или рабо́тает?

- У́чится.

- У тебя́ есть ста́рший брат?

- Есть.

- Он у́чится и́ли рабо́тает?

- Рабо́тает.

- А где он рабо́тает?

- В шко́ле.

- Скажи́те, пожа́луйста, у вас есть журна́л <Но́вое вре́мя>?

- Да, есть.

- Покажи́те, пожа́луйста.

- Кто ваш брат?

- У меня́ нет бра́та.

- Вы жена́ты?

- Нет, у меня́ нет жены́. (Нет, я не жена́т.)

- Вы за́мужем?

- Нет, у меня́ нет му́жа. (Нет, я не за́мужем.)

- Извини́те, у вас есть журна́л <Ю́ность>?

- У меня́ нет.

- А у Са́ши?

- По-мо́ему у него́ есть.

- У тебя́ есть ру́сско-коре́йский слова́рь?

- Нет.

- А у Та́ни?

- По-мо́ему у неё есть.

- Да́йте, пожа́луйста, на мину́ту слова́рь?

- Изви́ните, у меня́ нет словаря́.

- Са́ша, покажи́те тетра́дь.

- Но у меня́ нет тетра́ди. Я забы́л её до́ма.

➔ 지시대명사 э́тот, э́та, э́то, э́ти

э́тот + 남성명사 단수 주격
э́та + 여성명사 단수 주격
э́то + 중성명사 단수 주격
э́ти + 남성, 여성, 중성명사 복수 주격

У меня́ есть э́тот журна́л. 나는 이 잡지를 갖고 있습니다.

У меня́ есть э́та газе́та. 나는 이 신문을 갖고 있습니다.

У меня́ есть э́то письмо́. 나는 이 편지를 갖고 있습니다.

У меня́ есть э́ти журна́лы. (газе́ты, пи́сьма, кни́ги.)

나는 이 잡지들을 (신문들을, 편지들을, 책들을) 갖고 있습니다.

Э́то журна́л. 이것은 잡지이다.

Э́тот журна́л есть в библиоте́ке. 이 잡지는 도서관에 있다.

Э́то газе́та. 이것은 신문이다.

Э́та газе́та есть в библиоте́ке. 이 신문은 도서관에 있다.

Э́то кни́га. 이것은 책이다.

У меня́ есть эти кни́ги. 나에겐 이 책들이 있다.

Ты читаешь э́ту кни́гу и́ли э́тот журна́л? 너는 이 책을 읽고 있니, 아니면 이 잡지를 읽고 있니?

▶ мо́жно : 가능, 허락에 관한 질문과 대답

- Скажи́те, пожа́луйста, где мо́жно взять но́вый учёбник? 말씀 좀 묻겠습니다만, 어디에서 새 교과서를 빌릴 수 있을까요?
- В библиоте́ке. 도서관에서요.

- Здесь мо́жно посла́ть посы́лки и откры́тки? 여기에서 소포와 엽서를 보낼 수 있을까요?

- Да, мо́жно. 네, 가능합니다.

- Где мо́жно отпра́вить телегра́мму? 어디에서 전보를 보낼 수 있을까요?

- Здесь мо́жно. 여기에서 가능합니다.

- Здесь мо́жно кури́ть? 여기에서 담배를 피워도 되나요?

- Нет, нельзя́. 아니오, (피워서는) 안 됩니다.

🡇 다음 대화를 연습하세요.

- Скажи́те, пожа́луйста, где мо́жно взять уче́бники, словари́, журна́лы.

- В библиоте́ке.

- Скажи́те, пожа́луйста, где мо́жно купи́ть откры́тки?

- В кио́ске или на по́чте.

- Где нахо́дится кинотеа́тр <Октя́брь>?

- На проспе́кте Кали́нина.

- Где мо́жно купи́ть сувени́ры?

- В магази́не <Пода́рки>.

- А где нахо́дится этот магази́н?

- На у́лице Го́рького.

- Где мо́жно купи́ть биле́т на самолёт?

- В ка́ссе аэропо́рта.

- А где нахо́дится эта ка́сса?

- На проспе́кте Ма́ркса.

- Где нахо́дится библиоте́ка и́мени В.И. Ле́нина?

- В це́нтре Москвы́.

▶ '출신'이나 '출발지'에 대한 표현

Андре́й из Москвы́. 안드레이는 모스크바 출신이다.

А́нна из Ташке́нта. 안나는 따슈껜뜨 출신이다.

Чолсу́ из Сеу́ла. 철수는 서울 출신이다.

Это письмо́ из Ю́жной Коре́и. 이것은 한국에서 온 편지이다.

- Отку́да вы прие́хали? 어디에서 오셨습니까?
- Я прие́хал из Москвы́. 저는 모스크바에서 왔습니다.

다음 대화를 연습하세요.

- Рустáм, ты москви́ч?

- Нет, я из Узбекистáна, из Ташкéнта. А ты откýда?

- А я из Москвы́.

- Сергéй Ивáнович, вы приéхали из Москвы́?

- Да, я из Москвы́.

동사 хотéть(-을 원하다, -을 하고 싶다)

хотéть (동사원형) '원하다'		
	단수	복수
1인칭	(я) хочý	(мы) хоти́м
2인칭	(ты) хóчешь	(вы) хоти́те
3인칭	(он,онá) хóчет	(они́) хотя́т

Я хочý знать рýсский язы́к. 나는 러시아어를 알기를 원한다.

Ты хóчешь говори́ть по-рýсски. 너는 러시아어로 말하고 싶어하는구나.

Он хóчет изучáть рýсский язы́к. 그는 러시아어를 배우기를 원한다.

Онá хóчет учи́ться в университéте. 그녀는 대학에서 공부하길 원한다.

Мы хоти́м купи́ть сувени́ры. 우리는 기념품을 사고 싶다.

Вы хоти́те получи́ть письмо́. 당신은 편지를 받고 싶어한다.

Они́ хотя́т взять слова́рь. 그들은 사전을 빌리길 원한다.

다음 대화를 연습하세요.

- Что вы хоти́те?

- Я хочу́ заказа́ть сто́лик в рестора́не.

- Что вы хоти́те?

- Я хочу́ купи́ть биле́ты. Не для меня́, а для па́пы.

- А́ня, хо́чешь сего́дня ве́чером в теа́тр?

- Нет, спаси́бо. Не хочу́. У меня́ нет вре́мени.

- Я хочу заказа́ть обе́д в рестора́не.

- Когда́?

- Сего́дня. Часа́ в два-три.

- Ты не зна́ешь, где мо́жно купи́ть биле́ты?

- Извини́те, я не зна́ю. Я иностра́нец.

- Хо́чешь посмотре́ть кварти́ру?

- Да, коне́чно, хочу́.

관계대명사 котóрый

영어에서 which나 whom과 같은 관계대명사를 기억하시지요? 러시아어에도 이 같은 관계대명사가 있는데 바로 котóрый 입니다. 러시아어 관계대명사 котóрый는 관계하는 선행사에 따라 성, 수, 격의 형태가 바뀝니다. 성과 수에 있어서는 반드시 관계되는 선행사의 성, 수와 일치해야 하고, 격의 형태는 자신이 들어있는 절에서의 역할에 따라 결정됩니다. 예를 들어, "Дáйте мне кни́гу, котóрая лежи́т на столé.(책상 위에 놓여 있는 책을 저에게 주세요.)"에서 관계대명사는 선행사인 кни́га(여성 단수)에 따라 여성 단수가 되었고 격형태는 선행사의 격(여기에서 선행사는 кни́гу 이므로 대격)과 상관없이 자신이 속한 절에서 주어의 역할을 하므로 주격이 된 것입니다.

котóрый 의 변화형

	단수	복수
남성	котрóтый	котóрые
여성	котóрая	
중성	котóрое	

- Какóй студéнт? 어떤 대학생입니까?

- Он студéнт, котóрый приéхал из Ю́жной Корéи. 그는 한국에서 온 대학생입니다.

Он хóчет знать рýсский язык. 그는 러시아어를 알고 싶어한다.

다음 대화를 연습하세요.

- Какая́ студе́нтка?

- Она́ студе́нтка, кото́рая прие́хала из Ю́жной Коре́и. Она́ хо́чет знать ру́сский язы́к.

- Каки́е студе́нты?

- Они́ студе́нты, кото́рые прие́хали из Ю́жной Коре́й.

Они́ хотя́т знать ру́сский язы́к.

- Ка́кие студе́нтки?

- Они́ студе́нтки, кото́рые прие́хали из Ю́жной Коре́й.

Они́ хотя́т изуча́ть ру́сский язы́к.

- Како́е зда́ние?

- Э́то зда́ние, кото́рое нахо́дится в це́нтре го́рода.

Оно́ наш университе́т.

- Каки́е студе́нты у́чатся в э́том институ́те?

- Студе́нты, кото́рые прие́хали из Кита́я, у́чатся в э́том институ́те.

упражнения

1. 다음 텍스트를 소리 내어 읽고, 우리말로 옮기세요.

В це́нтре Москвы́ есть краси́вый совреме́нный проспе́кт. Э́тот проспе́кт называ́ется проспе́кт Кали́нина. На проспе́кте Кали́нина нахо́дится Дом дру́жбы. Там мо́жно посмотре́ть вы́ставки, кинофи́льмы, послу́шать интере́сные конце́рты. Там ча́сто быва́ют иностра́нные го́сти. Они́ расска́зывают, как живу́т, рабо́тают и отдыха́ют лю́ди в их стране́.

На проспе́кте Кали́нина есть магази́ны, рестора́ны, кафе́. Там нахо́дится са́мый большо́й в Москве́ кни́жный магази́н. Э́тот магази́н называ́ется <Дом кни́ги>. Там мо́жно купи́ть не то́лько кни́ги, учё́бники, словари́, но и ра́зные сувени́ры: значки́, пласти́нки, откры́тки.

На проспе́кте Кали́нина нахо́дится и са́мый большо́й в Москве́ кинотеа́тр <Октя́брь>. Там всегда́ мо́жно посмотре́ть но́вые фи́льмы.

В До́ме дру́жбы ча́сто быва́ют не то́лько ру́сские лю́ди, но и иностра́нные го́сти.

2. 다음 텍스트를 소리 내어 읽고, 우리말로 옮기세요.

Ра́ньше по́чти 20 миллио́нов челове́к изуча́ли ру́сский язы́к в Евро́пе, в А́зии, в Аме́рике, в А́фрике, в Австра́лии. Его́ изуча́ют студе́нты и преподава́тели, инжене́ры и врачи́.

Иностра́нные студе́нты, кото́рые живу́т и уча́тся в Ру́сском Университе́те Дре́жбы наро́дов, то́же изуча́ют ру́сский язы́к. Э́тот университе́т нахо́дится в Росси́и, в Москве́. В Ру́сском Университе́те Дру́жбы наро́дов уча́тся иностра́нные студе́нты, кото́рые прие́хали из А́зии и А́фрики, из Евро́пы и Аме́рики.

3. 다음 문장들의 괄호 안에 동사 **хотеть** 의 현재형을 주어에 일치시키세요.

1) Я (   ) слу́шать му́зыку.
2) Что ты (   ), Са́ша?
3) Мои́ роди́тели (   ) жить в Евро́пе.
4) Мы (   ) купи́ть но́вый телеви́зор.
5) А что вы (   ), Серге́й Ива́нович?

★ 단어외우기

Áзия 아시아
Амéрика 아메리카
Áфрика 아프리카
Австрáлия 호주
богомóл 신자, 성지 순례자
бывáть (자주) 일어나다(방문하다)
вéчный 영원한
ви́део 비디오
вчерáшний 어제의
вызывáть 야기하다,
(불러) 일으키다
вы́ставка 진열, 전람회
гость 손님
дáчный 별장의
двóечник 2점(낙제점) 받은 학생
дóктор 박사, 의사
Дом дрýжбы 우정의 집
Еврóпа 유럽
закáзать 예약하다, 주문하다
значóк 배지, 부호
инострáнный 외국의
инострáнец 외국인
кафé 카페
кани́кулы 방학
кинофи́льм 영화
киóск (가두의) 잡화 등의 매점
кни́жный 책의
кури́ть 담배 피우다
лáска 친절, 애교, 애무
легкó 가볍(쉽)게, 가볍(쉽)다
легóнько 가볍게
легчáйший 가장 가벼운
лéгче 더 가볍게(쉽게)
лёгкий 가벼운, 쉬운
миллиóн 백만
мягчáйший
мя́гче 더 부드럽게 가장 부드러운
называ́ться 불려지다
нарóд 민중, 국민, 민족
нарóчно 고의로, 일부러
но 그러나
облéгчить 가볍게 하다
огорóд 야채밭, 텃밭
огороди́ть 울타리를 두르다
октя́брь 10월
откры́тка 우편엽서
пласти́нка 음반, 레코드
побéда 승리
поговори́ть (잠시) 말하다
поговóрка 관용구, 격언
подáрок 선물
по-мóему 내 생각에
почти́ 거의, 대략
преподавáтель 강사
проспéкт 대로, 큰길
пылесóс 진공청소기

расска́зывать 이야기하다
рестора́н 레스토랑
ру́сско-коре́йский слова́рь
러-한사전
ручно́й 손의
сего́дняшний 오늘의
скворе́чник 찌르레기 애호자
ску́чно 지루(따분)하게, 지루하다
смягчи́ть 부드럽게 하다,
совреме́нный 현대의, 동시대의
сон 잠, 꿈
спра́шивать 묻다, 질문하다
стира́льный 세탁(용)의
стира́льная машина 세탁기
сто́лик 작은 탁자
сувени́р 특산품, 기념품

телеви́зор 텔레비전
телегра́мма 전보
то́же 역시, 또한
то́чный 정확한
учи́тель 교사, 스승
учти́во 예의 바르게
чей 누구의
чте́ние 읽기, 독서
чтец 읽는 자, 독자, 낭독자
чти́во 저속한 책
чтить 존경하다, 우러러보다
что́-нибудь 무엇인가
что́-то 무엇인가
холоди́льник 냉장고
ю́ность 젊음, 청춘
яи́чница 계란 부침(구이)

♪ 러시아 노래를 배워봅시다.

Под ла́ской плю́шевого пле́да

Под ла́ской плю́шевого пле́да
Вчера́шний вызыва́ло сон
Что э́то бы́ло? Чья побе́да?
Кто побеждён? Кто побеждён?

비로드 망토의 부드러움 속에서

비로드 망토의 부드러움 속에서
어제의 꿈을 불렀지.
이게 무엇이었을까? 누구의 승리일까?
누가 패배했나? 누가 패배했나?

이 노래는 러시아의 여류시인 마리나 쯔베따예바(1892-1941)의 시에 곡을 붙인 것입니다. 그녀는 피아니스트인 어머니와 모스크바대 예술사 교수 사이에서 태어났습니다. 1917 년 10 월 혁명 후 백군과 적군으로 나뉘어 싸운 내전 시 백군을 찬양하는 시와 적군을 반대하는 시를 쓰다 파리로 망명해 활동하게 되었습니다. 1939 년에 귀국했으나 심한 가난과 냉대로 인해 자살

했습니다. 그녀는 러시아 미래주의의 영향을 받아 서정시와 장시를 썼습니다. 주요 작품으로는 <기도>, <겨울에>, <청춘>, <마야꼽스끼에게> 등이 있습니다.

문화 속 에티켓 알기

러시아에서 사람들과 대화할 때는 지켜야 할 에티켓이 있는데 대표적인 것은 사생활에 대해 지나치게 관심을 보이는 것이 큰 실례가 된다는 것입니다. 초면에 결혼여부를 묻고, 미혼일 경우에는 왜 결혼을 안했는지 취조하듯이 묻는다면, 교양없는 사람으로 생각되기 쉽습니다.

러시아 사람들이 좋아하는 이야깃거리는 단연 예술분야입니다. 예술을 사랑하고 러시아의 예술문화에 긍지를 갖고있는 러시아인들은 연극, 영화, 오페라나 발레공연, 전시회 등 다양한 예술문화에 대한 사랑이 이미 생활화되어 있습니다. 대중예술과 연예인에 대한 사랑도 각별하기 때문에 이들의 최신곡이나 최근 출연작에 관해 얘기를 할 수 있다면 좋은 대화의 주제가 될 수 있습니다.

최근에는 정치나 경제, 스포츠에 관한 대화들도 활발하게 오가는데 러시아인들은 매우 진지하고 솔직하게 자신의 견해를 피력합니다.

공저자 : 이 명 자

한국외국어대학교 러시아어과 학사 및 석사.
한국외국어대학교 문학박사(러시아어학 전공)
청주대학교 어문학부 러시아어문학전공 교수

저　서 : 『러시아 어학의 이해』
『러시아어 음운론』
『알기쉬운 종합 러시아어 문법』
『러시아어의 구조』 외 다수

역　서 : 『사랑과 욕망의 해바라기』
『자유와 혁명의 아프로디테』

논　문 : "러시아 민속의 기호언어로서의 chastushka" 외 다수.

공저자 : 이 영 범

한국외국어대학교 러시아어과 학사 및 석사
모스크바 국립대학교 문학박사(러시아문학전공)
청주대학교 어문학부 러시아어문학전공 교수

저　서 : 『실용러시아어』
『애니메이션으로 배우는 러시아어』
『러시아어 말하기와 듣기』
『한 · 러 전환기 소설의 근대적 초상』
『파워 중급러시아어』

역　서 : 『러시아 제국의 한인들』

논　문 : "뿌쉬낀의 ≪대위의 딸≫의 시학"
"뿌쉬낀의 ≪대위의 딸≫의 시공간 구조와 슈젯의 연구"
"고골의 중편 ≪따라스 불리바≫에 나타난 작가의 관점 연구"
"뿌쉬낀의 ≪스페이드의 여왕≫의 제사(題詞) 연구" 외 다수

쉽게 익히는 러시아어

1판 1쇄 찍음 • 2007년 3월 20일
1판 2쇄 펴냄 • 2009년 1월 10일

저 자 • 이 명 자 ▪ 이 영 범
발행인 • 정 현 걸
발 행 • 신 아 사
인 쇄 • 예지인쇄

출판등록 • 1956 년 1 월 5 일 (제 9-52 호)
서울특별시 은평구 녹번동 28-36 2F
전화 • (02) 382-6411 팩스 • (02) 382-6401
홈페이지 • www.shinasa.co.kr
E-mail • shinasa@chol.com

정가 *11,000* 원

ISBN 978-89-8396-563-9